KB206394

속박된 삶을 청산하고
날마다 좋은 인생 살아보자

지식총서 4

속박된 삶을 청산하고
날마다 좋은 인생 살아보자

공산空山 지음

글터

이 책의 내용은 의식·마음을 보는 것을 제시한다.

　사람들은 각자 다른 모습으로 삶을 살듯이 각자의 고민과 괴로움을 안고 살고 있다. 인간은 수많은 괴로움을 인간 스스로 만들고 스스로 괴로워한다. 괴로움을 치유하기 위해 신이나 의사를 찾아가 자신의 고통을 호소하고 치유해 주기를 희망하지만, 그 치유사들은 겉의 상처만 치유할 뿐 근원적인 원인은 치유하지 못한다. 그러나 다행스럽게도 인간이 괴로움을 스스로 창조해 내듯이 치유 또한 스스로 할 수 있는 능력을 갖추고 있다.

　괴로움이 만들어지는 과정도 훈련된 습관이듯 치유하는 방법 또한, 배워 익혀야만 가능하다. 먼저 원인을 찾고 어떤 상황으로 인해 괴로움이 만들어지는지, 어떻게 나를 괴롭히는지 알고 나면 괴로움의 원인을 치유할 수 있다.

여러 사람이 극단적인 선택을 생각할 때 자신의 의식을 관찰하고 마음에 번뇌가 있는 줄 알고 이길 힘을 길러 현재에는 안락한 삶을 살고 있다.

마음에 상처를 잊고 모든 사람의 아픈 상처가 치유되고자 하는 마음으로 정성을 다해 적어 본다. 모든 사람이 고통과 괴로움에서 벗어나 날마다 좋은 날이 되었으면 한다.

그대들은 이미 부처이고, 달마인데 불성을 잊은 채 중생의 마음으로 기뻐하고 슬퍼하고 괴로워하며 살면서 미래세의 부처와 달마에게 해악을 가해 고통을 주며 그 모습을 보고 즐기고 만족해하며 살고 있는 그대들의 모습이 참으로 안타깝다.

정도의 차이는 있겠지만 중생의 마음을 사용하는 모든 자에게 이와 같은 모습은 쉽지 않게 찾아볼 수 있다.

나 또한 과거에 그대들과 다름없이 살아왔으니 그대들의 모습이 곧 내 모습이었다.

어둠속에 갇혀 있을 때는 보이지 않던 행동들이 밝은 곳으로 나와 보니 과거의 내 모습은 볼 수 있었고, 잘못된 수많은 행위였음을 알 수 있게 되었다.

과거에 나는 내 의식을 볼 수 없었다.

의식이 정해준 행위를 하다 보니 많은 잘못을 저지르며 살 수 밖에 없었다.

그 당시의 내 의식이 시키는 최선의 선택을 행해 왔다.

예수님 말씀에 저들은 자신들이 무슨 짓을 하고 있는지 모른다고 하셨다. 지극히 옳은 말씀이시다.

자신의 의식을 완벽하게 볼 줄 알아야만 자신이 무엇을 하고 있는지 세밀하게 보고 알 수 있다.

이 책의 내용이 의식 마음을 보는 것을 제시한다.

　책을 읽다보면 여태껏 몰랐던 부분을 알게 되고 그로 인해 두려움도 엄습해 올 것이다. 그렇다고 책 읽기를 포기하지 말고 끝까지 읽기를 권장한다.

　우리가 자동차를 운전하여 초행길을 갈 때 내비게이션에 의지해 운전을 하게 되면 목적지에 쉽고 안전하게 도착할 수 있듯이 책 내용을 믿고 인생을 살게 되면 참으로 아름다운 인생을 살 수 있는 것이다. 장담하건데 인생살이에 꼭 필요한 유익하고 신비로운 보물을 틀림없이 얻게 될 것이다.

차례

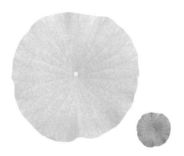

속박된 삶
청산

1
참으면 병이 된다

옛말에 참는 이는 복이 있나니 라는 말은 육바리밀 중 보시 · 지계 · 인욕 · 정진 · 선정 · 지혜 중 인욕을 가리키는 말이다.

그러나 나는 이렇게 말하고 싶다.

"참는 이는 복이 없다.
참는 이는 병이 생긴다.
그리고 먼 훗날 큰 재앙이 되어 그대를 찾아온다."

중생심의 의식으로 참는 것은 묻어두는 것이다.

그것은 증오와 복수심으로 변이되어 그대의 마음속에 저장된다.

언젠가는 묻어 두었던 복수심을 꺼내어 사용하게 된다. 그런 과정에서 그대가 받았던 상처와 괴로움보다 더 많은 양의 아픔을 상대에게 되돌려 주기를 갈망하며 되돌려 준다.

그럼에도 그대가 받았던 상처는 아물지 않는다.

마음 깊은 곳에 상대에 대한 분노심으로 여전히 저장된 채 남아 있다.

육바라밀 중 인욕은 참으로 어려운 과제 중 하나이다.

육바라밀 수행은 계산할 수 없는 무한 시간의 아승지겁을 뛰어넘는 수행의 방편으로 수행자로써 극복해야만 하는 과제이다.

초보 수행자로써 큰 난관에 부딪쳤다.

참으로 많은 시행착오와 오류를 범한 끝에 길을 찾아 그대들과 공유하고자 글을 써 본다. 참으면 병이 되는 여러 가지 상황을 살펴보자.

참아야 되는 대상은 동물도 있을 수 있지만, 대부분은 인간을 대상으로 한다. 직장에서 가정에서 혹은 길에서 마주치는 모든 사람이 그 대상이다. 화려한 인생을 살고 있는 연예인들의 삶의 뒷면에는 수많은 아픔을 인내하며 살아간다.

가짜 뉴스와 악성 댓글로 상처를 받고 그로 인해 고충이 극심해졌을 때 자살이라는 극단적인 선택을 하고 있다.

그가 자살을 선택하기 전 심리적인 상태는 어땠을까.

아마도 극심한 고통 속에 시간을 보냈을 것이다.

자신이 없으면 고통은 끝날 것이라는 마지막 선택을 그는 실행에 옮긴 것이다.

그는 참지 못하고 재앙을 선택했다.

그는 지혜롭게 위기를 극복할 수 있는 준비가 되어 있질 않았다.

한국은 OECD 국가 중 자살률 1위의 국가이다.

그대들 또한 자살을 생각해 본 적이 있지 않은가!

수많은 요소가 개입되어 그대는 병들어 있지 않은가!

직장에서의 고용주와 상사의 갑질, 직장동료들의 따돌림, 사업의 실패, 이웃과의 다툼, 가정불화, 연인과의 결별 등.

그 외의 여러 가지 사연으로 인해 그대는 병들어가고 있다. 다 열거하지 못한 여러 가지 이유로 참으며 살아가는 모습이 지금 그대들에게 처해진 현실이다.

그로 인해 생산되는 위장병, 심장병, 뇌출혈, 정신병, 대인기피병 등 스트레스로 인해 생기는 모든 병의 원인은 참아서 생기는 병이라고 해도 과언이 아니다.

나는 그대들에게 참으면 병이 되는 곳에게 참는 이에게 복이 있는 곳으로 승화시킬 수 있는 방법을 제시 하고자 내 경험과 이해력을 그대들에게 나누어 주려고 한다.

2

육도, 윤회

부처님의 가르침에 입문하여 여러 경전을 보고 믿어 실천하고 있는 제가 출가 수행자는 이 맛을 봤을 것이다.

부처님의 가르침 중에 사생육도[1], 고집멸도, 육바라밀을

---

1 육도(六度) : 도(道)는 상태·세계를 뜻함. 중생이 저지른 행위에 따라 받는다고 하는 생존 상태, 또는 미혹한 중생의 심리 상태를 여섯 가지로 나누어 형상화한 것. 중생이 생각에 따라 머물게 되는 여섯 가지 세계. ① 지옥도(地獄道) : 수미산의 사방에 있는 네 대륙의 하나인 남쪽의 섬부주(瞻部洲) 밑에 있다고 하며, 뜨거운 불길로 형벌을 받는 팔열지옥(八熱地獄)과 혹독한 추위로 형벌을 받는 팔한지옥(八寒地獄)으로 크게 나뉨 ② 아귀도(餓鬼道) : 재물에 인색하거나 음식에 욕심이 많거나 남을 시기·질투하는 자가 죽어서 가게 된다는 곳으로, 늘 굶주림과 목마름으로 괴로

먼저 이해해 보자.

사생육도 중 사생은 네 가지 태어남을 말하는데 지구상에 존재하는 생명체의 탄생 과정을 태·난·습·화를 말한다.

태생은 태로 인해 태어나는 인간과 포유동물들을 가리키고, 난생은 알에서 부화되는 것을 가리키고, 습생은 습한 기운이 있어야 태어나는 어류와 곤충 등 기타 생물체들을 가리키고, 화생은 변해서 가는 곳. 천상, 지옥, 아수라, 아귀생을 말한다.

육도를 설명하자면 지옥, 아귀, 축생, 아수라, 인간, 천상이 있다.

생명이 있는 것은 여섯 가지의 세상에 번갈아 태어나고 죽어서 간다는 것으로 이를 육도 윤회[2]라고 한다.

움을 겪는다고 함. 섬부주(瞻部洲) 밑과 인도(人道)와 천도(天道)에 있다고 함 ③ 축생도(畜生道) : 온갖 동물들의 세계 ④ 아수라도(阿修羅道) : 인간과 축생의 중간에 위치한 세계로, 수미산과 지쌍산 사이의 바다 밑에 있다고 함 ⑤ 인도(人道) : 수미산 동쪽에 있는 승신주(勝身洲), 남쪽에 있는 섬부주(瞻部洲), 서쪽에 있는 우화주(牛貨洲), 북쪽에 있는 구로주(俱盧洲)의 네 대륙을 말함 ⑥ 천도(天桃) : 신(神)들의 세계라는 뜻으로, 수미산 중턱에 있는 사왕천(四王天)에서 무색계의 유정천(有頂天)까지를 말함.

2 윤회(輪廻, saṃsāra) : ① 함께 흘러감 ② 바퀴가 돌고 돌아 끝이 없듯이 중생은 자신이 저지른 행위에 따라 삼계(三界)와 육도(六道)를 돌고 돌면서

육도 중 첫째는 지옥도로써 가장 고통이 심한 세상이다. 지옥에 태어난 이들은 심한 육체적 고통을 받는다.

둘째는 아귀도이다. 지옥도보다는 육체적 고통은 덜 받으나 반면에 굶주림의 고통을 심하게 받는다.

셋째는 축생도로서 네 발 달린 짐승을 비롯하여 새, 물고기, 벌레, 뱀, 세포까지 모두 포함된다.

넷째는 아수라도이다. 노여움이 가득 찬 세상으로서, 남의 잘못을 철저하게 따지고 들추고 규탄하는 사람이 이 세계에 태어나게 된다.

다섯째는 인간이 사는 인도이다.

생사(生死)를 끊임없이 되풀이한다는 견해 ③ 번뇌 때문에 괴로운 생존을 끝없이 되풀이 함 ④ 과거의 인식·행위·경험·학습 등에 의해 형성된 인상(印象)과 잠재력이 아뢰야식(阿賴耶識)에 스며들어 종자(種子)로 저장되어 있다가 그 종자가 근원이 되어 다시 여러 인식을 되풀이하는 과정. 인식 주관에 한 생각이 일어났다가 사라지면서 그 생각의 씨앗이 아뢰야식에 간직되어 있다가 그 씨앗이 근원이 되어 다시 여러 생각을 잇달아 일으키는 작용.

여섯째는 행복이 두루 갖추어진 하늘 세계의 천상세계이다. 곧 인간은 현실에서 저지른 업[3]에 따라 죽은 뒤에 다시 다른 세계로 윤회를 반복한다.

3 업(業, karman, kamma) : ① 행위, 몸과 입과 마음으로 짓는 행위와 말과 생각 ② 행위와 말과 생각이 남기는 잠재력, 인과응보를 초래하는 잠재력 ③ 선악의 행위에 따라 받는 고락의 인과응보 ④ 좋지 않은 결과의 원인이 되는 악한 행위. 무명(無明)으로 일으키는 행위 ⑤ 어떠한 결과를 일으키는 원인이나 조건이 되는 작용. 과거에서 미래로 존속하는 세력 ⑥ 바이셰시카 학파에서 설하는 육구의(六句義)의 하나, 사물의 본질을 이루고 있는 실체의 운동 ⑦ 고려 때 종파나 학파의 뜻으로 쓰인 말.

3

봄, 여름, 가을, 겨울 그리고 다시 봄

윤회를 믿지 않는 사람에게 윤회를 쉽게 설명하면 우리가 살고 있는 지구를 자세히 관찰하면 윤회를 알 수 있다. 예를 들면 하늘에서 비가 내린다. 그 비는 땅에 떨어지고 낮은 곳으로 계곡을 따라 흐르다가 강을 거쳐 바다에 합류한다. 그럼 끝인가? 아니다! 다시 수증기가 되어 하늘로 올라가 서로 모여 다시 땅으로 떨어진다.

또 예를 들어 봄이 오면 꽃이 피고 새싹이 나오며, 여름이면 열매를 맺고 잎이 무성해지고, 가을이면 낙엽과 열매가 떨어지고, 겨울이면 휴식기에 접어들다. 그럼 또 끝인가?

아니다! 다시 봄이 온다.

아침에 해가 뜨면 점심 쯤 해는 중천에 있고 저녁 무렵에는 해는 서산으로 기울고 사라진다. 그럼 끝인가? 다음날 다시 해는 떠오른다.

아이가 때어나 유년기를 거쳐 청년이 되고 성인이 되어 늙어가고 죽음에 이른다. 그럼 끝인가? 아니다! 또다시 몸을 바꿔서 태어난다.

이와 같이 세상 만물이 윤회를 증명해 보인 것들이 현세에 존재하는 모든 것이 우리들에게 자세히 보여주고 있다.

윤회를 인정하지 않는 것은 사계절을 부정하는 것이고, 삶을 부정하는 것이고, 세상 모든 것을 부정하는 것이다.

나 또한 윤회를 깊이 생각해 보지 않았던 옛 시절에는 윤회를 모르고 살았었다.

불가에 입문하여 윤회라는 단어를 접했고

부처님 말씀을 믿고 따라야 되는 위치에 있다 보니 윤회에 대해 깊이 생각하게 되었고, 여러 경전을 통하여 설명하신 부처님의 말씀을 이해하고 믿게 되었다. 윤회를 물어오는 사람들에게 쉽게 이해시켜 주기 위해 앞에 설명한 비유를 들어 설명해 주곤 하였다.

육도윤회를 믿지 않는 자가 있다면 그는 죽은 후에 알 것이다. 그러나 그때는 늦었다. 어떻게 해 볼 도리가 없다. 업 풍[1]이 부는 데로 흘러 다니는 것이 그가 할 수 있는 전부이 다.

　부처님께서는 없는 말을 하시는 분이 아니다. 중생들은 눈앞에 것만 보지만, 부처님께서는 삼계를 모두 보시는 혜 안을 갖추셨다. 어둠의 터널에 갇혀 있는 중생들을 가엾이 여기시어 진실을 말씀하셨다.

1 악업의 보답으로 이리저리 몰리며 고통을 받는 모양을 바람에 비유하여 이 르는 말.

4

뿌린 만큼 거둔다

 윤회는 한 치의 어긋남이 없다. 윤회는 인과[1]응보 법이다.
뿌린 만큼 거둔다. 동물들은 온전히 인과응보를 받고 있다.

---

1 인연(因緣, hetu-pratyaya) : ① 어떤 결과를 일으키는 직접 원인이나 내적 원
 인이 되는 인(因). 간접 원인이나 외적 원인 또는 조건이 되는 연(緣). 그러
 나 넓은 뜻으로는 직접 원인이나 내적 원인, 간접 원인이나 외적 원인 또
 는 조건을 통틀어 인(因) 또는 연(緣)이라 함 ② 연기(緣起)와 같음 ③ 사연
 (四緣)의 하나. 육식(六識)이 의존하고 있는 육근(六根)을 말함 ④ 사연(四
 緣)의 하나. 아뢰야식(阿賴耶識)에 저장되어 있는 종자(種子), 곧 인(因)을
 이끌어 내어 인식이 이루어지도록 하는 인식 주관의 지향 작용 ⑤ nidāna
 경전의 서술 내용에서 부처를 만나 설법을 듣게 된 동기를 설한 부분, 서
 품(序品)이 여기에 해당함. → 이타나(尼陀那) ⑥ 어떤 일이 일어나게 된
 계기・동기 ⑦ 연고(緣故). 관계. 내력.

그러나 사람은 인과응보를 받기도 하지만, 다른 한편으론 다음생을 준비할 수 있고 선택할 수 있는 기회가 주어진다.

부처님 말씀에 전생을 알고 싶으면 너의 주어진 환경을 보면 알 수 있고, 다음생을 알고 싶으면 네가 행하고 있는 행위를 보면 알 수 있다고 하셨다.

그대들이 지금 생에 행하고 있는 행위의 모든 것은 비디오테이프나 DVD, 마이크로칩 등에 영상이 녹화 되는 것 같이 온전히 기록되어 저승 염라국 업경대 거울에 고스란히 비쳐져 선악의 경중을 가려 다음 생이 결정된다.

그리하여 세상 사람들이 각기 다른 모습으로 살아가고 있는 것이다.

풍요로운 모습과 헐벗은 모습으로, 아름다운 모습과 추한 모습으로, 건강한 모습과 불구의 모습으로, 전생에 행했던 선악의 경중에 따라 각기 다른 모습과 다른 환경에서 삶을 살아가게 되는 필연적이고 숙명적인 결과이다.

그 누구도 인과응보는 피해갈 수 없다.

부처님께서 왕서성 죽원정사에 계실 때였다. 어느 날 부처님은 5백 비구를 거느리시고 왕사성에 들어가 걸식을 하셨다. 부처님 일행은 집집마다 두루 다니다가 어느 마을에 이르렀다. 그런데 길이가 두자 정도 되는 마치 창처럼 날카로운 나무가 부처님 발 앞쪽에 솟아나는 것이었다. 이에 부처님은 속으로 생각하셨다. '이것은 전생의 인연에 기인한 것이다. 나 스스로 지은 것이니 다름 아닌 내가 받아야 한다.' 부처님이 발길을 옮기시자 그 나무 창은 살아있는 짐승처럼 계속 부처님을 따라 다녔다. 부처님이 제자들을 거느리고 왕사성을 나온 이후에도 나무 창이 계속 따라다니자 그 모습을 이상히 여긴 백성들이 모두 부처님의 뒤를 따랐다.

이에 부처님은 잠시 발길을 멈추고 대중들에게 물으셨다.

"너희는 왜 계속 내 뒤를 따르는 것이냐?"

"저 나무 창이 부처님을 계속 뒤따르는 인연을 알고 싶습니다."

"너희는 모두 돌아가라. 여래는 스스로 그때를 알고 있느니라."

아난이 부처님께 여쭈었다.

"부처님! 왜 대중들에게 돌아가라고 말씀하시는 겁입니

까?"

"대중들이 내가 받는 이 인연을 보면 모두 그 자리에서 기절하고 말리라."

이윽고 죽원정사로 돌아오신 부처님은 처소에 들어가시면서 여러 제자들에게 명하셨다.

"너희 모두는 각자의 방으로 들어가라."

모든 제자들이 자기 방으로 들어가자 아난이 여쭈었다.

"저는 어떻게 해야 합니까?"

"너도 네 방으로 돌아가라."

부처님이 방에 앉으셔서 오른발을 펴시자 그때까지 따라 다니던 나무 창이 기다렸다는 듯이 부처님의 발등을 꿰뚫고 땅 속으로 들어가 버렸다. 부처님이 숨이 끊길 듯한 고통을 느끼시자 곧 천지가 진동했다.

이에 아난은 부처님 처소로 달려가 부처님의 발에서 피가 흐르는 모습을 보고 그만 기절해 버렸다. 부처님이 아난에게 물을 뿌리시자 아난은 겨우 정신을 되찾았다. 아난은 슬피 흐느끼며 부처님께 말씀드렸다.

"부처님은 이미 금강의 몸을 이루셨습니다. 그런데 어떤 인연을 지으셨기에 저 하잘 것 없는 나무 창에 해를 입으신 것입니까?"

"그만 울어라. 근심하거나 슬퍼할 필요도 없느니라! 세상의 인연이란 마치 바퀴가 도는 것과 같아서 이런 괴로움과 근심이 있느니라."

"상처는 어떻습니까? 부처님!"

"점점 나아간다."

그때 사리불이 여러 제자들을 데리고 와 부처님께 안부를 여쭈었다. 부처님은 도리어 여러 제자들에게 걱정하지 말라며 위로하셨다. 그러나 제자들 중에 아직 번뇌를 다 떨치지 못한 자들은 부처님 발의 상처를 보고 슬프게 울부짖었다.

"인간과 신들의 큰 스승이신 부처님께서 어찌 이런 일을 당하신다는 말입니까?"

"그만 울음을 그치거라. 이것은 내가 전생에 지은 인연으로 말미암은 것이니 당연히 나 스스로 받아야 하는 것이며, 따로 도망하거나 피할 곳이 없느니라. 이 인연은 아버지가 지은 것도 아니다. 본래 나 스스로 지은 것이므로, 이제 나 스스로 그 업보[2]를 당하는 것이니라."

부처님은 계속해서 게송을 읊으셨다.

"사람들은 이 세상을 살아가며 악행도 하고 선행도 한

---

2 업보(業報) ① 선악의 행위에 따라 받는 고락의 인과응보 ② 과거에 저지른 악한 행위로 말미암아 현재에 받는 괴로움의 인과응보

다. 그러나 그 모든 행은 자기 몸에 되돌아와 마침내 썩어 없어지는 법이 없노라."

한편 부처님이 나무 창에 찔려 상처를 입었다는 소식을 들은 아사세왕은 깜짝 놀라 당대 최고의 명의 기바를 대동하고 부처님 처소로 달려갔다. 왕은 관을 벗고 칼을 푼 후 누워계신 부처님께 다가가 예배하고 여쭈었다.

"부처님! 상처는 어떻습니까?"

"점차 나아가고 있소."

"부처님! 저는 부처님 몸은 금강과 같아 결코 무너질 수 없다고 들었습니다. 그런데 이게 어찌된 일이 옵니까?"

"이 세상 모든 존재는 인연의 법칙에 따라 무너지는 벗이오. 내가 비록 금강의 몸을 이루었지만, 저 조그만 나무 창에 발을 찔린 것은 전생의 숙연 때문이오."

그리고 부처님은 다시 게송을 읊으셨다.

"세상 사람들이 행한 일은 모두 스스로에게 돌아오는 법이니 착한 일을 하면 좋은 인과응보를 얻고, 악한 일을 하면 나쁜 인과응보를 얻는다.:

아사세왕은 부처님 말씀을 듣고 곧 기바에게 명했다.

"너는 빨리 좋은 약을 처방해 부처님 발의 상처를 고치도록 하라." 그리고 왕은 부처님께 공사다망함을 알리고 자리를 떴다.

이튿날 새벽이 되자 부처님은 사리불에게 나무 창에 발을 다치게 된 숙연을 설명하셨다.

"한량없는 세월 전에 상주 두 사람이 각각 부하 5백 명을 거느리고 바다에 들어가 오랜 항해 끝에 보물섬에 도착했다. 그 섬에는 미녀를 비롯해 갖가지 보물과 산해진미가 산더미처럼 쌓여 있었다. 첫 번째 상주가 부하들에게 말했다. '우리가 목숨을 걸고 험한 바닷길을 건너 온 것은 다름 아닌 보물을 얻고자 했기 때문이다. 이제 보물섬에 살면서 죽을 때까지 천국의 즐거움을 누려보도록 하자.' 그런데 두 번째 상주는 이렇게 말했다. '물론 이 보물섬에는 아름다운 미녀를 비롯해 없는 것이 없다. 그러나 본국에는 우리의 무사 안녕을 기원하고 돌아올 날만을 손꼽아 기다리고 있는 가족들이 있지 않은가? 그러니 이곳에 오래 머무는 것은 옳지 않다.' 그때 마음씨 고운 처녀가 허공에 나타나 외쳤다. '이 보물섬은 오래 살 곳이 못됩니다. 왜냐하면 7일 후 바닷물이 차올라 섬이 가라앉고 말 것이기 때문입니다. 어서 빨리 보물을 챙겨 돌아가세요.'

처녀가 충고하고 사라지자 곧 마녀가 나타나 말했다. '당신들은 목숨을 건 항해 끝에 이 보물섬에 도착했소. 그리고 이 섬에는 갖가지 보물이 모두 갖춰져 있소. 이 세상 어디에 이 섬 만한 곳이 있겠소? 게다가 커다란 섬이 어찌 하루아침에 가라앉는단 말이오. 아까 나타난 처녀는 당신들이 천국의 기쁨을 누리는 것을 시기하여 거짓말을 한 것이오.'

이에 첫 번째 상주가 다시 부하들에게 말했다. '너희는 조금도 동요하지 마라. 이 보물섬에 부족한 것이 무엇이더냐? 세상 사람들은 먹고살기 위해 서로 속이고 죽으며 아옹다옹하고 있다. 돌아가 봤자 골치만 아플 것이다. 우리는 이미 죽도록 쓰고도 남을 만한 보물을 얻었으니 떠나지 말고 이 섬에 눌러 살도록 하자.' 그러나 두 번째 상주가 부하들에게 말했다. '이 세상에 영원한 즐거움이 있는 곳은 없는 법이다. 빨리 보물을 챙겨 짐을 꾸리고 배를 수선하도록 하라. 어찌 이곳이 즐겁다하여 본래의 부모와 처자식을 버릴 수 있단 말인가? 혹 7일 후 섬이 가라앉지 않으면 좀 더 즐기다 돌아가는 한이 있더라도 미리 준비는 해두어라.' 이윽고 7일이 지나자 처녀가 말한 대로 바닷물이 차오르기 시작했다. 두 번째 상주와 부하들은 미리 준비를 해두었기 때문에 곧 배를 띄울 수 있었다. 그러나 첫 번째 상주와 그 무리는 허둥거리다가 마침내 두 번째 상주의 배를 탈취하려 했다. 곧 두 무리 사이에 전쟁을 방불케 하는 싸움이 벌어졌다. 그 와중에 두 번째 상주는 조그만 창으로 첫 번째 상주의 다리를 찔러 죽음에 이르게 했다.

사리불아 너는 알겠느냐? 그때의 첫 번째 상주는 지금의 제 바달라이고, 두 번째 상주는 바로 이 내 몸이니라. 나는 그 옛날 상주가 되어 보물을 얻고자 목숨을 걸고 바다를 건너 보물섬에 이르렀다가 첫 번째 상주와 배를 놓고 다툼을 벌인 끝에 그만 창으로 그의 다리를 찔러 죽음에 이르게 했느니라. 나는 그 인연으로 수 천 년 동안 지옥에서 창에 찔리는 고통을 당했고, 그 다음에는 짐승이 되어 사냥꾼들의 화살을 맞았다. 이제 나는 비록 부처가 되어 금강의 몸을 얻긴 했지만, 그때의 업보가 다하지 않았기에 오늘날 다시 나무 창에 발을 다치게 된 것이니라. 사리불아 나를 보아라. 나는 부처가 되어 모든 악을 여의고 뭇 선을 갖춰 일체 중생들을 제도하고 있음에도 이런 인과응보를 피하지 못하거늘 하물며 어리석고 또 아직 도를 얻지 못한 이들을 말해서 무엇 하겠느냐? 그러므로 사리불아 너희는 몸과 입과 생각을 잘 조절하여 악행을 저지르지 말아야 하느니라."

사리불은 부처님이 이야기를 마치시자 기뻐하며 그 뜻

을 받들어 행했다.

『불설흥기행경』

부처님께서 수행처에 계실 때 두 형제가 부처님의 제자가 되어 같이 머물게 되었다.

형제의 아버지가 수행처에 찾아와 형제를 데려가려 했으나 형제는 집으로 돌아가려 하지 않았다. 하루아침에 두 형제를 잃었다고 잡아두고 있는 것이라 생각하고 부처님에게 찾아가 부처님 얼굴에 침을 뱉었다. 그 상황을 지켜본 제자들은 깜짝 놀라 형제의 아버지를 말렸다.

부처님께서 태연하게 얼굴을 닦으시며 형제의 아버지에게 말씀하시기를 "고맙소! 그대가 나를 찾아와 침을 뱉지 않았으면 내가 그대를 찾아갔어야 했는데 ,그대가 나를 찾아와 침을 뱉어 주었으니 나의 수고로움을 덜어주었구려. 그리고 전생에 내가 그대에게 침 뱉은 것을 용서하시오."

그리고 제자들에게 말씀하시기를 "이로써 나는 전생의 모든 업보가 청산되었다."고 하셨다.

이와 같이 부처가 되었어도 업보를 받는다.

최상근기의 부처님도 업보를 받는데 중, 하근기의 사람들이 업보의 빗방울을 피할 수 있겠는가? 지금 그대들이 인연 짓고 있는 주위의 사람들은 이생에 처음 만나는 사람도 있겠지만 대부분의 사람들은 전생의 깊은 인연으로 이생에 다시 만나 서로의 빚을 청산하면서 또 다른 빚을 주고받고 다음생으로 이어진다.

이러한 과정 속에서 서로에게 아픔과 고통을 주고 서로를 미워하고 원수 맺고 서로 죽이는 일도 일어나고 서로에게 도움을 주기도 하고 서로를 사랑하기도 하면서 또 다른 인연을 짓는다.

부처님 당시 다른 인연법을 보자

5

모래밥

부처님이 사위국 기수급고독원에 계실 때였다. 성중의 한 바라문 부인이 아들을 낳았는데, 얼굴이 추하고 더러운 냄새가 날 뿐만 아니라 어머니 젖을 상하게 하고 다른 젖도 입에만 대면 상하게 했다. 다만 소밀(蘇蜜)을 손가락에 묻혀주면 그것을 빨아먹고 연명했다. 그래서 부모는 아이의 이름을 리군지(梨軍支)라 했다. 리군지가 장성하매 아무리 밥을 많이 먹어도 배가 전혀 부르지 않았다. 항상 배고픔에 시달리던 리군지는 어느 날 걸식하는 사문들을 보고 환희심을 내어 생각했다.

'혹시 부처님께 출가하면 배부르게 음식을 먹게 될지도

모르겠다.'

리군지는 곧 부처님 처소로 가서 출가하기를 원했다.

"잘 왔도다. 비구야."

그후 리군지는 부지런히 수도해 아라한과(阿羅漢果)를 얻었다. 그러나 걸식하러 다녀도 음식을 구할 수 없자 탑 속에 들어가 스스로를 책망하던 중 그 속에 있는 더러운 먼지를 청소했다. 그 다음부터 리군지는 걸식할 때마다 발우 가득 음식을 얻을 수 있었다. 기쁨에 넘친 리군지는 다른 비구들에게 말했다.

"이제부터 탑 청소는 제게 맡겨주십시오. 탑을 청소한 뒤부터는 배부르게 음식을 먹을 수 있게 되었기 때문입니다."

비구들은 리군지의 청을 허락했다. 리군지는 탑 청소를 도맡았는데, 그만 하루는 늦잠을 자는 바람에 청소하지 못했다. 그때 사리불이 다른 나라에서 5백 제자를 거느리고 부처님께 왔다가 탑을 청소해 버렸다. 리군지는 늦게 일어나 사리불이 이미 탑 청소를 끝낸 사실을 알고 원망했다.

"제가 할 일을 당신이 했기 때문에 저는 오늘 또 하루를 굶주려야 합니다."

"걱정하지 마라. 내가 그대를 데리고 시주 집에 가서

배부르게 해주리라."

리군지는 사리불을 따라 시주 집에 갔다. 그러나 공교롭게도 시주 부부가 싸움을 하는 바람에 음식을 얻어먹을 수 없었다. 이튿날 사리불이 또 말했다.

"오늘은 한 장자가 초청을 했는데 함께 가도록 하자."

장자의 집에 간 비구들이 모두 음식을 받는데, 유독 리군지만 빈 발우를 지키고 있었다. 그래서 리군지는 목청껏 외쳤다.

"나는 아직 음식을 받지 못했소!"

그런데 이상하게도 장자의 식구들은 리군지의 말을 알아듣지 못했다. 그래서 리군지는 또 하루를 굶주려야 했다. 이 이야기를 전해들은 아난이 리군지에게 말했다.

"오늘 내가 부처님과 함께 초청을 받았으니, 그대를 위해 음식을 가져오겠노라."

그러나 부처님의 8만 4천 법문을 모두 기억할 정도로 비상한 머리를 가진 아난 역시 깜빡 잊고 빈손으로 돌아왔다. 마안하게 생각한 아난이 이튿날 음식을 얻어 절로 돌아오는데 사나운 개가 달려드는 바람에 그만 발우를 땅에 엎어버리고 말았다. 엿새째에 간신히 아난이 음식을 구해 왔는데 이게 웬일인가! 리군지가 입을 열 수 없어 음식을 먹을 수 없었다. 리군지는 그 다음날이 되어

서야 입을 열었다. 리군지는 너무나 창피하여 사대부중 앞에서 모래 한 줌을 입에 넣고 물을 마신 후 곧 열반에 들었다. 그 모습을 본 비구들이 이상하게 여겨 부처님께 여쭈었다.

"부처님이시여, 저 리군지 비구는 무슨 업연으로 태어나서 지금까지 항상 굶주림에 시달려야 했으며, 또 어떤 인연으로 출가득도를 하게 된 것입니까?"

"너희를 위해 설명하리니 잘 듣도록 하라."

한량없는 먼 옛날에 제당불(帝幢佛)이 세상에 출현하셔서 여러 비구들을 거느리고 유행(遊行)하며 교화를 하셨다. 그때 구미(瞿彌)라는 장자가 제당불을 보고 환희심을 내어 부처님 일행을 날마다 초청하여 공양하기를 게을리 하지 않았다. 그러다가 장자가 죽자 그 부인이 지아비의 뜻을 이어 계속해서 보시를 했다. 그런데 그 집 아들은 매우 인색하여 어머니가 보시하는 것을 막기 위해 일부러 어머니 몫의 음식을 제한했다. 그래도 어머니는 작은 음식이나마 나누어 부처님께 보시했다. 아들은 화를 내며 어머니를 빈방에 가두었다. 이레가 지나자 어머니는 아들에게 배고픔을 호소했다. 그러자 아들이 말했다.

"어머니는 음식이 남아돌아 남에게 거져 준 것 아닙니까? 어머니 같은 사람은 모래로 밥을 지어 먹고 물만 마셔도 충분히 살아갈 수 있을 것입니다. 그런데 왜 제게 음식을 달라고 하십니까?"

아들은 그렇게 말하고 음식을 주지 않았다. 그 바람에 어머니는 굶어죽고 말았다.

"아들은 그 업보로 목숨이 끝나자 아비지옥에 떨어져 갖은 고초를 당한 뒤 다시 인간으로 태어났지만 역시 굶주림의 고통에서 벗어날 수 없었던 것이니라. 그 당시 어머니를 굶어죽게 한 자가 바로 지금의 리군지 비구다. 그러나 그가 만나 출가득도하게 된 것은 그 당시 그의 부모가 제당불과 비구들에게 공양을 했기 때문이니라."

『찬집백연경』

6

영상과 그림자

옛날에 법시(法施)라는 태자가 있었다. 태자는 성격이 조용하고 효성스러워 행동거지에 한 치의 잘못도 없었다.

어느 날 태자는 승상과 함께 부왕의 애첩에게 문안 인사를 갔다. 그런데 그녀는 평소 태자의 준수한 용모에 흑심을 품고 있었다. 태자가 가까이 다가가 고개를 숙이자 애첩은 태자를 끌어당겨 안으려 했다. 순간 당황한 태자는 그만 승상의 머리를 치며 말했다.

"빨리 나갑시다."

승상은 원래 대머리였는데 태자가 엉겁결에 머리를 치는 바람에 관이 떨어져 우스꽝스러운 모습을 보일 수밖에 없었다. 애첩은 승상의 대머리를 보곤 박장대소했다. 이에 승상은 태자 때문에 모욕을 당했다며 속으로 치를 떨었다.

그날 밤 애첩은 침소에서 눈물을 흘리며 왕에게 말했다.

"소첩이 비록 미천하지만 그래도 왕에게 속한 몸입니다. 그런데 태자가 불손하게도 저에게 욕심을 품고 겁탈하려 했습니다."

"내 아들이 세상에서 둘째가라면 서러워할 효자라는 사실을 모르는 사람은 없소. 평소 품행이 방정한 태자가 어찌 그런 일을 저질렀겠소?"

"그러면 지금 소첩이 거짓말을 하고 있다고 생각하십니까? 억울합니다. 흑흑!"

애첩이 눈물을 찔끔거리며 계속 하소연하자 왕은 그만 현혹되고 말았다.

"그게 사실이라 해도 죽일 수는 없잖소? 골육상잔은 있을 수 없소. 자, 그만 울음을 그치시오. 짐이 태자를 변방으로 보내리다."

이튿날 왕은 태자를 불러 명했다.

"너는 변방으로 가서 그곳 백성들을 잘 보살펴 짐의 덕을 사방에 펴도록 해야 할 것이다."

"부왕의 가르침을 결코 어기지 않겠나이다."

태자가 곧 변방으로 가 백성들을 친자식처럼 사랑하고 보살피자 사방에서 그 덕을 흠모한 사람들이 구름처럼 몰려들어 1년이 채 지나지 않아 1만여 호가 늘어났다. 태자가 이 사실을 조정에 보고하자 왕과 왕후는 기뻐하며 칭찬해 마지않았다.

왕의 애첩은 그 모습이 눈꼴사나워 승상과 더불어 태자를 제거할 계책을 꾸몄다. 애첩이 아름답게 꾸며 왕을 침소로 유혹한 틈을 타 승상은 옥새를 훔쳐 문서를 이렇게 위조했다.

'너는 부왕을 기만했으나 차마 죽이지는 않겠다. 다만 어명을 받는 대로 네 눈을 뽑아 보내도록 하라.'

사신이 태자에게 가서 어명을 전하자 신하들은 가짜 어명이 틀림없다며 사신을 윽박지르기 시작했다. 그러자 태자가 말했다.

"그만들 두시오. 여기 옥새가 분명히 찍혀 있잖소? 제 몸을 아끼려고 부모의 뜻을 어긴다면 곧 대역죄를 범하는 것이오."

그러나 신하들은 태자가 직접 눈 뽑는 일을 잠자코 지켜볼 수 없었다. 그래서 사방으로 알아본 끝에 대신 눈 뽑을 사람을 구해왔다. 그 눈을 상자에 넣어 사신에게 주자 그는 도성으로 가서 승상에게 건네주었고, 승상은 다시 왕의 애첩에게 주었다. 애첩은 상자 속의 눈을 화장대에 매달아놓고 욕을 퍼부었다.

"흥, 내 말을 듣지 않고 뻐기더니, 이제 눈을 뽑히니 속이 시원하냐?"

그날 밤 왕은 벌이 태자의 눈을 쏘는 꿈을 꾸었다. 왕은 곧 잠에서 깨어나 걱정스러운 듯 중얼거렸다.

"우리 법시에게 무슨 나쁜 일이 생긴 게 아닐까?"

그때 옆에 누워 있던 애첩이 일어나며 말했다.

"대왕께서 태자를 지극히 사랑하신 나머지 신경쇠약에 걸리신 게 분명합니다. 아무 걱정 마옵소서. 별일 없을 것입니다."

한편, 신하들이 딴사람의 눈을 보냈다는 사실을 알게 된 태자는 너무 상심한 나머지 변방을 떠나 이리저리 떠돌며 거문고를 타주고 밥을 얻어먹었다. 그러다가 아내의 부왕의 나라에 이르렀다. 마침 거문고를 잘 타는 거지 악사가 왔다는 말을 들은 왕은 그를 궁중으로 불러 음악을 연주하게 했다. 그 애절한 소리에 끌려 태자비가 방을 나섰다가 법시를 보자 기겁하며 말했다.

"아니, 당신은 바로 제 부군이 아닙니까? 아무런 말씀도 없이 성을 나가시더니 어찌 이런 모습을 하고 계십니까?"

거지 악사가 자기 사위임을 확인한 왕은 도대체 어찌된 영문이냐고 물었다. 태자비는 자초지정을 설명하곤 덧붙였다.

"이것은 제 운명입니다. 여자는 정조가 그 생명이니, 전 무슨 일이 있어도 부군을 따르겠나이다."

그뒤 태자와 태자비는 본국으로 돌아왔다. 그러나 부부의 초라한 행색 때문에 문지기는 궁중으로 들어가지 못하게 했다. 이에 태자가 거문고를 탔다. 애절하고 아름다운 거문고 소리에 끌려 궁 밖으로 나온 왕은 거지 악사를 자세히 살펴보고 털석 주저앉으며 말했다.

"넌 내 아들 법시가 아니더냐?"

태자가 거문고를 내려놓고 눈물을 흘리자 왕 역시 목이 메어 아무 말도 못했다. 부자의 기막힌 상봉을 바라본 궁인들 역시 애통해 마지않았다. 곧이어 태자비가 왕에게 일이 이렇게 된 연유를 밝히자 왕은 한숨을 쉬며 말했다.

"아, 슬프도다. 여인의 간악함이 마치 쌀밥에 독을 섞은 것과 같구나."

왕은 곧 애첩과 승상을 잡아들여 가시로 볼기를 치고 그 상처에 아교를 붓고는 생매장해 버렸다.

이 이야기를 마치신 부처님께서 덧붙이셨다.

"잘 들어라. 그들의 숙세의 인연은 이렇다."

법시 태자는 전생에 구슬 파는 사람이었다. 그때 저 첩은 부호의 딸이었는데 마차를 타고 길을 가고 있었다. 그리고 승상은 바로 마부였다. 부호의 딸은 구슬 파는 사람을 불렀다.

"네 구슬을 좀 구경하자."

그런데 그녀는 구슬을 챙기고 돈도 주지 않으면서 구슬 파는 사내에게 음탕한 눈짓을 하며 유혹했다. 사내는 화가 나서 말했다.

"도대체 그 음탕한 눈빛은 무슨 뜻이냐? 내 구슬을 돌려주든지 값을 치르든지 하라. 만약 그렇게 하지 않으면 내가 네 눈을 뽑고 말리라."

그러자 마부가 나섰다.

"가시로 볼기를 치고 끓는 아교를 퍼부을 놈아! 어느 안전이라고 말을 함부로 하는 게냐? 너 같은 놈은 산 채로 묻어도 말리는 사람이 없을 것이다."

"제자들아! 대저 선과 악은 이미 베풀었으면 복과 화가 저절로 따르는 것이 마치 그림자가 형상을 따르는 것과 같으니라. 악이 익어서 죄를 이루는 것이 메아리가 소리에 응함과 같나니, '악업을 짓고 그 화가 없기를 바라는 것은 마치 씨를 심어놓고 싹이 트지 않기를 바라는 것과 같으니라."

『육도집경』

7

모든 재앙과 복은 썩어 없어지지 않는다

부처님이 사위국 기수급고독원에 계실 때 국왕 파사닉에게는 사질(師質)이라는 대신이 있었는데, 그는 재물이 많기로 왕에 버금가는 자였다. 어느 날 사리불이 사실의 집 앞에 이르러 걸식을 청하자 사질은 쌍수를 들고 환영하며 음식을 대접했다. 잠시 후 공양을 마친 사리불은 경법을 설했다.

"부귀영화는 뭇 고통의 근본이요. 가정의 은혜와 사랑 속에 있는 것은 마치 감옥 속에 있는 것과 다름이 없으며, 이 세상 만물 중에 영원히 존재하는 것은 없으니, 나라고 할 만한 것이 없다."

사실은 사리불의 설법을 듣고 문득 깨달은 바가 있어 살림살이를 아우에게 물려준 뒤 머리와 수염을 깎고 가사를 걸친 채 깊은 산 속으로 들어가 도를 닦았다.

　　그런데 사질의 아내는 출가한 남편만 그리워할 뿐 그 아우에게 순종하지 않았다. 그러자 아우가 물었다.

　　"이 집에는 보물이 산같이 쌓여 있는데, 도대체 무엇이 부족하여 늘 근심 어린 표정을 짓고 있는 게요?"

　　"출가한 남편을 생각하면 근심을 떨쳐버릴 수 없습니다."

　　"형님이 출가하여 살림을 모두 내게 맡겨 당신 역시 이제 내 아내가 되었는데, 어찌 전 남편을 마음에 둘 수 있단 말이오?"

　　"전 남편은 다정하기 그지없던 분이라 도저히 생각을 떨칠 수 없습니다."

　　아우는 사질이 생각을 바꿔 집으로 돌아오는 날엔 형수는 물론이고 모든 재산을 다시 빼앗을까 두려워한 나머지 한 사내에게 5백 냥을 내밀며 사질의 머리를 베어오라고 했다.

　　사내는 돈을 받고 깊은 산 속으로 들어가 사질을 만나자 곧 죽이려 들었다. 이에 깜짝 놀란 사질이 말했다.

　　"나는 출가자로 가진 것이라곤 지금 입고 있는 해진 옷

밖에 없는데, 무엇을 얻으려고 이러는 것이오.?"

"당신 아우가 나를 시켜 당신의 목을 베어오라고 했소."

그러자 사질은 두려움을 금치 못하며 말을 이었다.

"나는 수도한 지 얼마 되지 않아 도법을 알지 못하니. 아직은 죽이지 마시오. 내가 부처님을 뵙고 조금이라도 깨달음을 얻게 되면 그때 죽어도 늦지 않을 것이오."

"허나 이미 돈을 받았으니 어쩔 수 없소. 나를 탓하지는 마시오."

"정 그렇다면 나의 한 팔을 잘라서 가지고 가시오. 부디 불구의 몸으로라도 부처님을 뵐 수 있는 기회를 주시오."

사내는 사질의 팔을 잘라 그 아우에게 갖다 주었다.

외팔이가 된 사질은 천신만고 끝에 부처님 처소로 나아가 예배를 드리고 물러나 앉았다. 그러자 부처님께서 말씀하셨다.

"제가 한량없는 세월 동안 남의 사지를 베어 흘리게 한 피가 저 바닷물보다 많았고, 그동안 받은 몸뚱이의 뼈를 쌓는다면 수미산보다 높으리라. 또 그동안 흘린 눈물은 사해를 능가하고, 얻어먹은 어머니의 젖은 저 항하의 물보다 많으리라. 이 세상의 모든 고통은 바로 몸이 있기 때문에 생기는 것으로, 어리석은 애욕을 끊어버리면 마침내 열반을 얻게 되리라. 저 열반의 길로 나아가자면 무엇보다도 팔정도(八正道)를 잘 닦아야 하느니라."

눈물을 흘리며 부처님 말씀을 듣고 있던 사질은 문득 눈앞이 환해지는 듯하더니 부처님 앞에서 아라한의 도를 얻고 곧 열반에 들었다.

한편, 사질의 아우는 자신이 고용한 사내가 건넨 팔을 형수 앞에 놓고 말했다.

"당신은 항상 형님만 그리워해 왔소. 여기 형님의 팔이 있으니 오죽 좋겠소?"

그 팔을 본 형수는 대성통곡하다가 곧 왕에게 달려가 아우를 고발했다. 왕이 조사해보니 과연 사실과 다름이 없었다. 왕은 당장 아우를 잡아들여 처형해 버렸다. 그 일을 알게 된 여러 비구들은 부처님께 여쭈었다.

"사질이 팔을 잘리게 된 인연은 도대체 무엇이었습니까? 또한 그는 어떤 공덕을 쌓았기에 이제 세존을 만나 아라한이 되어 곧 열반에 든 것입니까?"

먼 옛날 바라나국에 바라달(波羅達)이라는 왕이 있었다. 한번은 그가 사냥을 나갔다가 길을 잃고 산 속을 헤맸다. 그러다가 그곳에서 수행하고 있던 벽지불을 보자 다행이라는 듯 한숨을 내뱉고 물었다.

"짐은 사냥을 하러 나왔다가 그만 길을 잃고 말았다. 이 산을 빠져 나갈 수 있는 길을 가르쳐달라."

마침 벽지불은 발을 들어 어느 길을 가리켰다. 그러자 바라달왕이 벌컥 화를 냈다.

"너 또한 나의 백성이거늘 당장 예를 갖추지 못할지언정 무례하게 발로 가리키느냐?"

바라달은 곧 칼을 뽑아 벽지불의 팔을 잘라버렸다. 그러나 벽지불은 조금도 원망하지 않고 도리어 이렇게 생각했다.

'만약 왕이 지금 한 일을 참회하지 않는다면 지옥에 떨어져 영원히 헤어나지 못할 것이다.'

벽지불은 곧 허공으로 날아올라 여러 가지 신통력을 나타냈다. 바라달왕은 그 모습을 보고 두려워 땅에 무릎을 꿇고 울면서 참회했다.

"벽지불이시여, 제가 생각이 짧았습니다. 부디 저의 참회를 받아 주소서."

벽지불이 다시 땅에 내려서자 바라달왕은 그 발에 머리를 조아리며 말했다.

"저를 가엾이 여겨 참회를 받으시고 제발 오랜 고통을 받지 않게 해 주십시오."

벽지불은 왕의 참회를 받고는 순식간에 열반에 들었다.

왕은 곧 벽지불을 화장한 후 그 뼈를 거두어 탑을 세우고
는 죽을 때까지 꽃과 향으로 공양하면서 미래세에는 반드
시 해탈하기를 기원했다.

"그때의 바라달왕이 지금의 사질인데, 그는 벽지불의
발을 자른 업보로 그후 5백 세 동안 남에게 팔을 잘리는
고통을 당해 왔다. 그러나 그때 곧바로 참회했기 때문에
오늘날 지옥에 떨어지지 않고 나를 만나 아라한이 되었으
며, 마침내 열반에 들게 된 것이니라. 모든 비구들아, 명
심하라. 이른바 모든 재앙과 복은 마침내 썩어 없어지지
않는 법이니라."

부처님이 이야기를 마치시자 듣고 있던 비구들은 인과
의 엄연함에 놀라고 두려워하며 부처님께 머리를 조아리
고 예배를 드렸다.

『불설보살본행경』

사람들은 흔히 이런 말들을 한다. 죽은 사람은 저승에 아
무것도 가져가지 못한다고, 죽은 사람도 저승에 가져가는
것이 있다.

살아생전에 본인이 행해 왔던 행위이다. 세상에 살면
서 타인에게 혹은 다른 생명체에게 저지른 악행으로 현

세에 감옥에 갇히는 죄값을 받기도 하지만, 저승세계에서도 악행에 대한 형벌을 받는다고 부처님께서 말씀하셨다. 저승세계의 형벌에 대해 부처님께서 말씀하신 것을 살펴보자.

8

지옥경에 대하여

이와 같이 들었다.

어느 때 부처님께서는 사위국 기수급고독원에 계셨다.

그때 부처님께서 비구들에게 말씀하셨다.

"여덟 개의 큰 지옥이 있다. 여덟 가지란 무엇인가? 첫째는 환활지옥(還活地獄)이요. 둘째는 흑승지옥(黑繩地獄)이며, 셋째는 등해지옥(等害地獄)이요. 넷째는 체곡지옥(涕哭地獄)이며, 다섯째는 대체곡지옥(大涕哭地獄)이요. 여섯째는 아비지옥(阿鼻地獄)이며, 일곱째는 염지옥(炎地獄)이요. 여덟째는 대염지옥(大炎地獄)이다. 비구들이여. 이것이 여덟 개의 큰 지옥이니라."

그때 부처님께서는 곧 이런 게송으로 말씀하셨다.

환활지옥과 흑승지옥

등해지옥과 두 체곡지옥

5역죄 지은 이 가는 아비지옥

염지옥과 대염지옥

이것이 여덟 지옥

그곳은 살 수 없는 곳

이 모두는 악을 지은 탓

열여섯 작은 지옥 그 주위를 에워쌓네.

쇠로 만들어진 감옥 위로는

거센 불길이 활활 타오르는

1유순 안은 온통

사나운 불길에 너무도 뜨거워라.

네 개의 성에 문도 네 개

그 사이는 너무도 평평하여라.

또 이렇게 쇠로 성을 만들고

단단한 철판으로 그 위를 덮었다네.

"이것은 모두 중생들이 죄를 지은 인과응보의 인연 때문으로 중생들로 하여금 한량없는 고통을 받게 하며, 살과 피는 모두 없어지고 오직 뼈만 남게 하느니라."

무슨 이유로 환활지옥(還活地獄)이라 하는가? 그곳의 중생들은 온몸이 쭉 잡아당겨져 움직이지 못하고 고통에 시달리되 도망갈 수도 없어 온몸의 살과 피가 없어지게 된다. 그때 그들은 저희끼리 말한다.

"중생아, 다시 살아나라. 다시 살아나라."

이때 그 중생들은 곧 저절로 다시 살아나게 된다. 이런 이유로 환활지옥이라 하느니라.

또 무슨 이유로 흑승지옥(黑繩地獄)이라 하는가? 그곳의 중생들은 몸의 힘줄이 모두 밧줄로 변하고, 그러면 톱으로 그 몸을 켠다. 그러므로 흑승지옥이라 하느니라.

또 무슨 이유로 등해지옥(等害地獄)이라 하는가? 이때 그곳의 중생들은 모두 한 곳에 모여 서로 그 목을 베는데 이내 다시 살아난다. 이러한 이유로 등해지옥이라 하느니라.

또 무슨 이유로 체곡지옥(涕哭地獄)이라 하는가? 그곳의 중생들은 선의 근본이 완전히 끊어져 털끝만큼도 남아 있지 않기 때문에 그 지옥 안에서 한량없는 고통을 받는데, 그곳에선 원망하며 울부짖는 소리가 끊어지지 않는다. 이런 이유로 체곡지옥이라 하느니라.

또 무슨 이유로 대체곡지옥(大涕哭地獄)이라 하는가? 그
곳은 중생들은 그 지옥에서 가히 헤아릴 수 없는 그런 고
통을 한량없이 받는다. 그러면 그들은 그곳에서 울부짖으
며 가슴을 치고 제 몸을 쥐어뜯으며 한 목소리로 부르짖
는다. 이런 이유로 대체곡지옥이라 하느니라.

또 무슨 이유로 아비지옥(阿鼻地獄)이라 하는가? 부모를
죽이고, 부처님의 탑을 부수며, 대중들과 싸우고, 그릇되
고 뒤바뀐 소견을 익히며, 삿된 소견과 어울리는 중생들
은 어떤 방법으로도 고칠 수 없다. 이런 이유로 아비지옥
이라 하느니라.

또 무슨 이유로 염지옥(炎地獄)이라 하는가? 그 지옥에
있는 중생들은 몸에서 연기가 나며 온몸이 문드러진다.
그러므로 염지옥이라 하느니라.

또 무슨 이유로 대염지옥(大炎地獄)이라 하는가? 그 지
옥에 있는 중생들은 죄인들이 있었던 흔적조차 보지 못한
다. 그러므로 대염지옥이라 하느니라.

비구들이여, 이른바 이런 이유로 여덟 개의 큰 지옥이
라 하느니라.

그 낱낱의 지옥에 열여섯 개의 작은 지옥이 있으니, 그
이름은 우발지옥(優鉢地獄)·발두지옥(鉢頭地獄)·구모두지

옥(拘牟頭地獄)·분다리지옥(分陀利地獄)·미증유지옥(未曾有
地獄)·영무지옥(永無地獄)·우혹지옥(愚惑地獄)·축취지옥
(縮聚地獄)·도산지옥(刀山地獄)·탕화지옥(湯火地獄)·화산
지옥(火山地獄)·회하지옥(灰河地獄)·형극지옥(荊棘地獄)·
비시지옥(沸屎地獄)·검수지옥(劍樹地獄)·열철환지옥(熱鐵
丸地獄)이다. 이와 같은 열여섯 작은 지옥에 버금가는 한
량없는 지옥이 있어. 중생들은 몸이 무너지고 목숨을 마
친 뒤에 그곳에 태어난다.

　혹 바른 소견을 훼손하는 중생이 있어 바른 법을 비방
하며 멀리 한다면 그들은 목숨을 마친 뒤에 모두 환활지
옥에 태어나고, 살생하기를 좋아하는 중생들은 모두 흑승
지옥에 태어난다. 그 어떤 중생이 소나 염소 따위를 잡는
다면 그는 목숨을 마친 뒤에 등해지옥에 태어나고, 그 어
떤 중생이 주지 않는 것을 가지고 남의 물건을 훔친다면
그는 체곡지옥에 태어난다. 그 어떤 중생이 항상 음탕한
짓을 좋아하고 또 거짓말을 한다면 그는 목숨을 마친 뒤
에 대체곡지옥에 태어나고, 그 어떤 중생이 부모를 죽이
고 절을 부수며 비구들과 싸우고 성인을 비방하며 뒤바뀐
소견을 익힌다면 그는 목숨을 마친 뒤에 아비지옥에 태어
난다. 그 어떤 중생이 이곳에서 들은 말을 저기 가서 전
하고 저기에서 들은 말을 다시 여기 와서 전하며 사람들

을 이용한다면 그는 목숨을 마친 뒤에 염지옥에 태어나고, 그 어떤 중생이 닥치는 대로 싸우고 남의 물건을 탐내며 인색하고 미워하는 마음을 일으키고 의심을 품는다면 그는 목숨을 마친 뒤에 대염지옥에 태어나느니라. 또 그 어떤 중생이 온갖 잡된 업을 짓는다면 그는 목숨을 마친 뒤에 열여섯 작은 지옥에 태어나느니라.

그때 옥졸들은 그 중생들을 부리며 헤아리기 어려운 고통을 주는데, 팔을 자르기도 하고 다리를 자르기도 하고 팔과 다리를 모두 자르기도 하며, 코를 베기도 하고 귀를 베기도 하고 코와 귀를 모두 베기도 한다. 나무더미를 가져다 누르기도 하고, 배 위에 풀을 덮기도 하며, 머리채를 잡아 매달기도 하고, 가죽을 벗기기도 하며, 살을 도려내기도 하고, 두 토막으로 가르기도 하며, 혹은 다시 봉해 합치기도 한다. 혹은 잡아다 다섯 부분으로 나누기도 하고, 잡아다 불에다 뒤적거리며 굽기도 하며, 쇠를 녹여 붓기도 하고, 다섯 갈래로 찢기도 하며, 그 몸을 잡아 늘이기도 하고, 날카로운 도끼로 목을 베기도 하지만, 곧 다시 살아난다. 그들은 반드시 인간세계에서 지은 죄가 끝나야만 그곳을 벗어난다.

이때 옥졸들은 그 중생을 잡아다 큰 몽둥이로 몸을 부수고 혹은 등골의 힘줄을 벗기기도 한다. 또 말에다 매달고 칼로 된 숲을 달려 올라갔다가 다시 말을 몰아 내려오는데, 이때 쇠 부리를 가진 까마귀들이 그 살을 쪼아 먹는다. 다시 다섯 겹으로 묶어 움직이지 못하게 하고는 들어 끓는 가마에 던져 넣고 쇠꼬챙이로 그 몸을 푹푹 찌르지만, 바람이 그 몸에 스치면 본래대로 다시 살아난다.

이때 옥졸들은 다시 그 중생들을 칼날이 빽빽한 산과 불이 이글거리는 산에 오르게 하며 잠깐도 멈추지 못하게 하는데, 그곳에서 겪는 고통은 이루 다 헤아릴 수가 없다. 그러나 그들은 반드시 인간세계에서 지은 죄가 모두 끝나야만 그곳에서 벗어난다.

그때 그 죄인들은 그 고통을 견디지 못해 다시 뜨거운 재로 가득 찬 지옥에 들어가기를 구하는데, 그곳에서도 한량없는 고통을 겪는다.

다시 그곳에서 나와 거꾸로 가시가 달린 지옥으로 들어가는데, 그곳에선 바람이 불면 그 고통이 한량없다. 다시 그곳에서 나오면 뜨거운 똥이 이글거리는 지옥으로 들어가는데, 이때 그 뜨거운 똥이 이글거리는 지옥에 있던 구더기들이 그 뼈와 살을 파먹는다. 그러면 중생들은 그 고통을 견딜 수가 없어 다시 칼이 숲처럼 빽빽한 지옥으로 도망치는데, 그 몸이 찢기는 고통은 참을 수가 없다.

그때 옥졸들이 그 중생들에게 묻는다.

'너희들은 어디서 왔는가?'

죄인들은 대답한다.

'저희도 어디서 왔는지 모르겠습니다.'

'어디로 가는가?'

'어디로 가는지도 모릅니다.'

또 묻는다.

'지금 무엇을 구하는가?'

그들은 대답한다.

'저희는 굶주림과 목마름으로 너무도 괴롭습니다.'

그때 옥졸들은 불에 달군 쇠구슬을 죄인의 입에 집어 넣는데, 몸이 타며 문드러지는 그 고통은 견딜 수가 없다. 그러나 반드시 그 죄의 근원이 없어진 뒤에야 목숨을 마친다. 이때 그 죄인들은 다시 많은 지옥을 거치며 그곳에서 수천만 년 동안 고통을 겪은 뒤에야 그곳을 벗어나게 되느니라.

비구들이여, 알아야 하느니라. 그때 염라대왕은 '몸과 입과 뜻으로 악을 짓는 중생들은 모두 이와 같은 죄를 받나니, 몸과 입과 뜻으로 선을 행하는 중생들은 이에 견주어 모두들 광음천(光音天)에 태어날 것이다.'라고 생각하느니라.

그때 부처님께서는 이런 게송으로 말씀하셨다.

마치 저 광음천에 사는 듯
어리석은 자들은 늘 기뻐하네.
마치 저 지옥에 있는 듯
지혜로운 이는 늘 두려워하네.

"그때 죄인들은 염라대왕으로부터 이런 분부를 듣는다.
'나는 언제나 옛날에 지은 죄를 모두 없앨 수 있을까?
그래서 여기서 목숨을 마치고는 사람의 몸을 받아 착한
벗들이 모두 모이는 중심국에 태어나고, 불법을 독실하게
믿는 부모 밑에서 자라 여래의 제자로 출가하여 도를 배
우고 현세에서 번뇌를 없애 번뇌가 없게 될 수 있을까?
내 너희들에게 거듭 당부하나니, 너희들은 부지런히 노력
해 여덟 가지 어려운 곳을 떠나고 중심국에 태어나 착한
벗을 사귀고 범행을 닦아 소원을 이루어 본래의 서원을
잃지 말도록 하라.'
    그러므로 비구들이여, 만일 선남자가 선여인이 여덟 큰
지옥과 열여섯 작은 지옥을 떠나고자 한다면 부디 방편을
구해 8정도를 닦도록 하라. 이와 같나니 비구들이여, 마
땅히 이와 같이 비워야 하느니라."

그때 모든 비구들은 부처님의 말씀을 듣고 기뻐하며 받들어 행하였다.

『증일아함경』

9

염라국에 대하여

이와 같이 들었다.

어느 때 부처님께서는 사위국 기수급고독원에 계셨다.

그때 부처님께서 모든 비구들에게 말씀하셨다.

"비유하면 마치 두 문이 마주하고 있는 어떤 집이 있고 그 안에 사람이 살고 있고 있을 때 어떤 사람이 그 위에 살고 있다면 그는 그 아래에서 사람들이 나고 드는 것과 가고 오는 것을 모두 다 보고 아는 것과 같다. 나도 그와 같아서 천안(天眼)으로 중생들을 다 관찰하여 태어나는 이, 죽는 이, 좋은 세계, 좋은 빛깔, 나쁜 빛깔, 혹은 좋은 것,

혹은 추(醜)한 것이 다 그들이 행하고 싶은 그대로 된다는 것을 모두 아느니라.

만일 어떤 중생이 몸으로 선을 행하고 입으로 선을 말하며 뜻으로 선을 행하여 현성(賢聖)을 비방(誹謗)하지 않고, 바른 소견의 법을 행하고 평등한 소견과 서로 호응하면, 몸이 무너지고 목숨이 끝난 뒤에는 천상과 같은 좋은 곳에 태어날 것이니, 이것을 일러 '중생들이 선(善)을 행하는 것'이라고 하느니라. 또 어떤 중생은 이 착한 법을 행하고 나쁜 행을 짓지 않아 몸이 무너지고 목숨이 끝난 뒤에는 인간 세상에 와서 태어날 것이다.

또 어떤 중생이 몸과 입과 뜻으로 악(惡)을 행하고 착하지 않은 행을 지으면 목숨을 마친 뒤에는 아귀(餓鬼)의 세계에 태어날 것이다. 또 어떤 중생은 몸과 입과 뜻으로 악을 행하고 현성을 비방하며, 헛된 소견과 서로 호응하고는 목숨을 마친 뒤에 축생으로 태어날 것이다. 또 어떤 중생은 몸과 입과 뜻으로 악을 행하며 착하지 않은 행을 지으며, 현성을 비상하고는 목숨을 마친 뒤에는 지옥 속에 떨어질 것이다.

그때 옥졸(獄卒)은 그 죄인을 끌고 가서 염라대왕에게 보이면서 모두 이렇게 말한다.

"대왕이여, 마땅히 아셔야만 합니다. 이 사람은 전생에 나쁜 마음을 먹고 온갖 악한 행을 저지르고 나서는 이 지옥에 태어났습니다. 대왕이여, 마땅히 관찰하셔야만 합니다. 이 사람은 무슨 죄로 다스려야 하겠습니까?"

그때 염라대왕은 가만히 그 사람에게 죄를 묻는다.

"어떤가? 남자야. 너는 전생에 사람의 몸으로 있을 때 어떤 태어나려고 하는 사람이 사람의 몸을 얻어 태(胎) 안에 있을 때에 너무도 괴롭고 힘들어 그 고통이 실로 감당하기 어렵고, 또 커서는 키우고 젖을 먹이며 목욕시켜야 하는 것을 보지 못하였는가?"

죄인이 대답한다.

"진실로 보았습니다. 대왕이여."

염라대왕이 말한다.

"어떠냐? 남자야. 너는 스스로 살아가는 법의 요긴한 행인, 몸과 입과 뜻으로 온갖 선한 무더기를 닦아야 한다는 것을 알지 못했던가?"

죄인이 대답한다.

"그렇습니다. 대왕이여. 대왕의 가르침처럼 다만 어리석고 미혹하여 착한 행을 분별하지 못하였습니다."

염라대왕이 말한다.

"그대의 말은 사실로서 틀림이 없다. 또 그대는 몸과 입과 뜻으로 착한 행을 짓지 않았으므로 오늘과 같은 일이 있을 줄을 나는 알았다. 그런 까닭에 지금 너의 방일 (放逸)한 죄 다스리리라. 그것은 부모가 지은 것도 아니고, 국왕이나 대신들이 지은 것도 아니다. 본래 네 스스로 죄 를 지어 오늘 그 인과응보를 받는 것이다."

그때 염라대왕은 먼저 그 죄를 묻고는 칙명에 의하여 다스리라고 한다.

또 두 번째 천사(天使)는 다시 그 사람에게 묻는다.

"너는 전에 사람으로 있었을 때 몸이 매우 연약하여 길 을 걸을 때에는 헐떡거리고, 옷은 더럽기 그지없으며, 움 직일 때마다 벌벌 떨고, 숨을 쉴 때는 끙끙 앓으면서 다 시는 젊었을 때의 마음이 없는 노인을 보지 못하였느냐?"

이때 죄인이 대답했다.

"그렇습니다. 대왕이여. 저는 이미 보았습니다."

염라대왕이 말한다.

"너는 마땅히 '나도 지금 또한 이 몸에 저렇게 늙는 법 이 있다. 늙는 것은 싫다. 마땅히 착한 행을 닦아야 한다.' 고 스스로 알았어야 했다."

죄인이 대답했다.

"그렇습니다. 대왕이여. 그때는 실로 그것을 믿지 않았 습니다."

염라대왕이 말한다.

"나는 진실로 그것을 알고 있다. 너는 몸과 입과 뜻으로 착한 행을 짓지 않았다. 그래서 이제 마땅히 네 죄를 다스려 다시는 범하지 않게 하리라. 네가 지은 악(惡)은 부모가 지은 것도 아니고, 국왕이나 대신이나 백성들이 지은 것도 아니다. 네가 스스로 그 죄를 지었으므로 마땅히 스스로 그 인과응보를 받는 것이다."

그때 염라대왕은 두 번째 천사를 시켜 다스리게 한다. 다시 세 번째 천사를 시켜 그 사람에게 묻는다.

"너의 전신(前身)이 이전에 사람의 몸으로 있었을 때에 똥오줌 위에 누워서 제대로 움직이지도 못하는 병든 사람을 보지 못하였는가?"

죄인이 대답한다.

"그렇습니다. 대왕이여. 저는 진실로 보았습니다."

염라대왕이 말한다.

"어떠냐? 남자야. 너는 스스로 내게도 저런 병이 있어 저런 걱정을 면하지 못할 것이라고 알지 못하였느냐?"

죄인이 대답한다.

"실로 그랬습니다. 저는 그것을 생각지 못했습니다."

염라대왕은 말한다.

"나도 네가 그랬을 줄 안다. 어리석고 미혹하면 그것을 알지 못한다. 나는 지금 네 죄를 다스려 너로 하여금 다시는 범하지 않게 하리라. 그 죄는 네 부모가 지은 것도 아니고, 국왕이나 대신이 지은 것도 아니다."

그때 염라대왕은 이렇게 가르치고 명령한다.

또 네 번째 천사를 시켜 그 사람에게 묻게 한다.

"어떠냐?, 남자야. 몸이 마른나무와 같이 되어서 바람은 떠나고 불도 꺼져서 아무 감정과 생각이 없을 때 다섯 친족들이 빙 둘러싸고 통곡하며 울부짖는 것을 보았는가?"

죄인이 대답한다.

"그렇습니다. 대왕이여. 저는 이전에 보았습니다."

염라대왕은 말한다.

"너는 왜 '나도 장차 이 죽음을 면하지 못할 것이다.'라는 이런 생각을 하지 않았느냐?"

죄인이 대답한다.

"그렇습니다. 대왕이여. 저는 그 사실을 미처 깨닫지 못하였습니다."

염라대왕은 말한다.

"나도 또한 네가 그 법을 깨닫지 못하였으리라고 믿는다. 이제 너를 다스려 너로 하여금 다시는 범하지 않게 하리라. 그 착하지 않은 죄는 부모가 지은 것도 아니고, 국왕이나 대신이나 백성들이 지은 것도 아니다. 네가 본래 스스로 지어 지금 직접 그 죄를 받는 것이다."

그때 염라대왕은 다시 다섯 번째 천사를 시켜 그 사람에게 말하게 한다.

"너는 이 전에 사람으로 있었을 때 어떤 도둑이 담을 뚫고 집을 부수고서 남의 재산과 보물을 훔쳐서는 혹 불을 지르기도 하고, 혹은 도로(道路)에 숨겨두기도 하였다가, 만약 국왕에게 잡히면 혹 손과 발이 잘리기도 하고 혹은 죽임을 당하기도 하며, 혹은 감옥에 갇히기도 하고 혹은 뒤로 묶인 채 시장에 끌려 다니기도 하며, 혹은 모래나 돌을 짊어지고 다니게 하기도 하고 혹은 거꾸로 매달기도 하며, 혹은 화살을 모아 쏘기도 하고 혹은 구리쇠를 녹여 그 몸에 붓기도 하며, 혹은 불로 지지기도 하고 혹은 그 가죽을 벗겨 도로 그것을 먹게 하기도 하며, 혹은 배를 갈라 풀을 채우기도 하고 혹은 끓는 물에 삶기도 하며, 혹은 칼로 쪼개거나 바퀴로 그 머리를 갈리기도 하고 혹은 코끼리 발로 밟아 죽이기도 하며, 혹은 머리를 나무 가지에 달아 죽이기도 하는 것을 보지 못하였는가?"

죄인이 대답했다.

"저는 그런 사실을 보았습니다."

염라대왕은 말한다.

"너는 왜 남의 물건을 몰래 훔쳤느냐? 마음으로 그런

일이 있을 줄 알면서 왜 범했느냐?"

죄인이 대답했다.

"그렇습니다. 대왕이여. 저는 정말 어리석고 미혹하였습니다."

염라대왕이 말한다.

"나도 네 말을 믿는다. 이제 네 죄를 다스려 너로 하여금 다시는 범하지 않게 하리라. 이 죄는 부모가 지은 것도 아니고, 국왕이나 대신이나 백성들이 지은 것도 아니다. 네 스스로 그 죄를 지어 네 자신이 직접 그 인과응보를 받는 것이다.

그때 염라대왕은 죄를 다 묻고 나서 곧 옥졸들에게 명령하여 빨리 그 사람들을 끌고 가서 감옥에 가두라고 한다. 그때 옥졸들은 왕의 명령을 받고 그 죄인들을 끌고 가서 옥에 가둔다.

그 지옥 왼쪽에는 불이 훨훨 타오르는데 안팎의 성은 모두 쇠로 되어 있고 땅도 쇠로 되어 있었다. 네 군데에 성문이 있는데, 지독히 더러운 냄새가 나서 마치 똥오줌이 있는 변소와 같다. 칼로 된 산과 칼로 된 나무들이 사방을 빙 둘러쌌으며, 또 쇠로 만든 듬성듬성하게 얽어진 그물이 그 위를 덮었느니라."

그때 부처님께서 곧 이 게송을 말씀하셨다.

네 벽과 네 성문은
넓고도 길어 진실로 든든하며
쇠 그물이 그 위를 덮었으니
나오려 해도 기약이 없다.

그때 다시 쇠로 된 땅은
불이 붙어서 지극히 치성(熾盛)한데
사방 벽은 1백 유순(由旬)이나 되고
동일한 빛으로 벌겋게 달아 있다.

그 한 복판에는 네 기둥이 있어
바라보기만 해도 진실로 두렵다.
그리고 칼로 된 나무 위에는
쇠 부리의 까마귀가 앉아 있다.

냄새나는 곳 실로 살기 어렵나니
보기만 해도 온몸의 털 일어선다.
여러 가지 무서운 기구가 있는
거기에는 작은 지옥 열여섯이 있다.

"비구들아, 마땅히 알아야 한다. 그때 옥졸들은 여러

가지 고통스러운 기구로 이 사람을 친다. 그래서 그 죄인들이 다리를 들어 지옥에 들어갈 때에는 피와 살은 거기서 다 없어지고 오직 뼈만 남게 된다.

그때 옥졸들이 그 죄인들을 데려다가 칼로 된 나무에 매달고는 혹은 올리고 혹은 내린다. 그때 죄인들은 나무 위에 있을 때면 쇠부리가 달린 까마귀에게 먹히는데, 혹은 그 머리를 쪼아 뇌(腦)를 꺼내 먹기도 하고, 혹은 손과 발을 움켜쥐고 뼈를 쪼아 골수를 뽑아 먹기도 한다. 그러나 그 죄는 다 끝나지 않고, 만약 그 죄가 다 끝난 사람은 그때야 비로소 나오게 되느니라.

그때 옥졸들은 그 죄인들을 붙들어다가 뜨거운 구리쇠 기둥에 앉힌다. 그것은 전생에 음일(淫佚)한 짓을 좋아했기 때문이다. 그래서 이런 죄를 받는 것이다. 그 죄를 받았지만 그래도 끝내 벗어나지 못하느니라.

그때 옥졸들이 발뒤꿈치에서부터 정수리에 이르기까지 힘줄을 뽑아 앞으로 당기기도 하고, 혹은 수레에 싣고는 혹 앞으로 나아가기도 하고 혹은 뒤로 물러가기도 하면서 꼼짝 못하게 하는데, 거기서 받는 고통은 이루 다 헤아릴 수가 없다. 그리하여 반드시 그 죄가 없어진 뒤라야 그곳에서 벗어나게 된다.

그때 옥졸들은 다시 그 죄인들을 붙들어 화산(火山) 위에 올려두고 올라갔다 내려갔다 하게 한다. 그리하여 몸이 다 문드러진 뒤라야 비로소 벗어나게 된다. 그때 그 죄인들은 이런 고통스러운 일 때문에 죽기를 바라지만 뜻대로 되지 않고 반드시 그 죄가 다 없어진 뒤라야 비로소 거기에서 나오게 된다.

그때 옥졸들은 또 그 죄인들을 붙잡아 혀를 뽑아 등 뒤로 던진다. 그곳에서 받은 고통 또한 이루 다 헤아릴 수 없지만 죽기를 바라도 뜻대로 되지 않는다.

그때 옥졸들은 다시 그 죄인들을 붙잡아 칼 산 위에 올려놓고 혹은 다리를 끊기도 하고, 혹은 머리를 베기도 하며, 혹은 팔을 자르기도 한다. 그러나 꼭 그 죄가 다 없어진 뒤라야 비로소 나오게 된다.

그때 옥졸들은 다시 뜨겁게 달군 큰 무쇠 잎사귀로 죄인들의 몸을 덮는데, 살았을 때에 옷을 입히듯이 한다. 그 당시의 고통 또한 너무도 혹독하여 견디기가 어렵다. 그것은 다 탐욕 때문에 그런 죄를 받는 것이다. 옥졸들은 다시 그 죄인들에게 다섯 가지 노역을 시킨다. 휘몰아 비스듬히 뉘이고 쇠못을 가져다가 그의 손과 발에 박고, 또 한 개의 못을 그 심장에 박는다. 거기에서 받는 고통도 실로 말할 수 없는데, 반드시 그 죄가 다 없어진 뒤라야 비로소 그곳에서 나오게 된다.

그때 옥졸들은 다시 죄인들을 붙잡아 거꾸로 들어 끓는 가마솥에 집어넣는다. 그때는 몸이 내려갈 때에도 다 문드러지고 또 다시 올라갈 때에도 다 문드러지며, 사방으로 돌 때에도 다 허물어져 그 고통과 쓰라림은 이루 다 헤아릴 수가 없다. 떠올라도 문드러지고 가라앉아도 문드러진다. 비유하면 마치 큰 가마솥에다 팥을 삶을 때에 팥이 떴다 잠겼다 하는 것처럼 지금 그 죄인들도 역시 그와 같아서 떠올라도 문드러지고 가라앉아도 문드러진다. 거기에서 받는 고통 또한 이루 다 헤아릴 수가 없다. 그러나 반드시 그 죄를 다 받고 난 뒤라야 비로소 그곳에서 나오게 되느니라.

"비구들아, 마땅히 알아야 한다. 혹 어떤 때는 그 지옥에서 여러 해를 지나 동쪽 문이 열린다. 그때 죄인들이 그쪽으로 달려가면 문은 저절로 닫힌다. 그러면 죄인들은 모두 땅바닥에 쓰러진다. 그 가운데에서 받는 고통은 이루 다 헤아릴 수가 없다. 그때 그들은 저마다 '너 때문에 문을 나가지 못했다'고 서로들 원망한다."

그때 부처님께서는 곧 게송을 설하셨다.

어리석은 이 항상 기뻐하는 것이
마치 저 광음천(光音天) 같고

지혜로운 이 항상 근심하는 것
마치 옥중에 갇힌 사람 같다.

그때 큰 지옥에서 백 천만 년이 지나 다시 북쪽 문이
열린다. 그때 또 죄인들이 북쪽 문을 향해 달려가면 문은
곧 닫히고 만다. 반드시 죄가 다 없어진 뒤라야 비로소
그곳을 벗어날 수 있다. 그때 그 죄인들은 다시 수백만
년을 지내고 나서 겨우 그곳에서 나오게 되는데, 인간 세
상에서 지은 죄가 반드시 끝나야만 한다. 옥졸들은 다시
죄인들을 잡아다가 쇠도끼로 죄인의 몸을 쪼개고, 얼마만
큼 죄를 받은 뒤에 다시 받게 하는 등 반드시 그 죄가 다
끝난 뒤라야 비로소 그곳에서 나오게 되느니라.

비구들아, 마땅히 알아야 한다. 혹 때로는 그 지옥의
동쪽 문이 다시 한 번 열린다. 그때 그곳에 있던 중생들
은 다시 동쪽 문으로 달려 나간다. 그러면 문은 다시 저
절로 닫혀서 나갈 수가 없다. 가령 혹 나갈 수 있다 해도
다시 큰 산이 놓여있어서 그곳으로 가게 되어 있다. 그
산 속에 들어가면 두 산이 양쪽에서 합해지나니, 비유하
면 마치 삼씨로 기름을 짜는 것과 같다. 그 가운데에서
받는 고통은 이루 다 헤아릴 수 없으나 반드시 그 고통이
끝난 뒤라야 그곳을 빠져나올 수가 있다.

그 다음에는 또 대열회지옥(大熱灰地獄)이 있다. 그때 그 죄인들이 다시 이 대열회지옥에 들어가면, 몸이 문드러져 녹아내려 그곳에서 받는 고통이 한량없이 많다. 그러나 반드시 죄가 다 없어진 뒤라야 그곳에서 나오게 된다. 그때 그 죄인들은 비록 이 열회지옥에서 나오게 되더라도 다시 도검지옥(刀劍地獄)을 만나게 되는데, 그 지옥의 길이와 너비는 수천만 리(里)나 된다. 그때 죄인들이 이 도검지옥에 들어가면 그 가운데에서 받는 고통은 이루 다 헤아릴 수 없다. 그러나 반드시 죄가 다 없어진 뒤라야 그곳에서 나오게 된다.

또 비시지옥(沸屎地獄)이 있다. 그 지옥 안에는 미세한 벌레가 있어서 뼈 속까지 파고 들어가 이 죄인을 먹어치운다. 비록 그 지옥에서 나오게 되더라도 앞으로 나아가다가 옥졸들을 만난다. 그때 옥졸들은 죄인들에게 묻는다.

"그대들은 어느 곳으로 가려고 하는가? 또 어디서 오는 것인가?"

죄인들이 대답했다.

"저희들은 어디서 왔는지도 모르겠고 또 장차 어디로 가야 할지도 모릅니다. 그저 저희들은 너무도 배가 고프고 목이 말라 무엇이든 먹고 싶을 뿐입니다."

옥졸들은 대답한다.

"우리들이 지금 공급해 주리라."

그때 옥졸들은 죄인들을 붙잡아 반듯이 눕히고 매우 뜨거운 큰 쇠구슬을 가져다가 죄인들로 하여금 삼키게 한다. 그래서 죄인들이 받는 고통은 이루 다 헤아릴 수가 없다. 그때 뜨거운 쇠 구슬은 입을 통해 아래로 내려가면서 창자와 밥통을 다 태우는데, 그 받는 고통은 한량이 없다. 그러나 반드시 죄가 다 없어진 뒤라야 그곳에서 나오게 된다.

그리하여 그 죄인들은 받는 고통을 견디지 못해 다시 열시지옥(熱屎地獄)·도검지옥·대열회지옥으로 다시 들어갔다가 다시 돌아와서 많은 지옥을 거친다.

그때 그 중생들은 받는 고통을 견디지 못해 머리를 돌려 열시지옥으로 들어간다. 그때 옥졸들은 그 중생들에게 말한다.

"그대들은 어디로 가려고 하며 또 어디에서 오는 것인가?"

죄인들이 대답한다.

"저희들은 어디서 왔는지도 모르고 또 앞으로 어디로 가야 할지도 모릅니다."

옥졸들이 묻는다.

"지금 무엇이 필요한가?"

죄인들이 대답한다.

"저희는 몹시 목이 마릅니다. 물을 마시고 싶습니다."

그때 옥졸들은 죄인들을 붙잡아서 반듯이 눕히고 구리쇠 녹인 물을 입에 쏟아 부어 밑으로 내려가게 한다. 그 속에서 받는 고통은 이루 다 헤아릴 수 없다. 그러나 반드시 죄가 다 없어진 뒤라야 그곳에서 빠져 나오게 되느니라.

그때 그 사람은 받는 고통을 도저히 견딜 수가 없어서 비시지옥·검수지옥·열회지옥으로 들어갔다가 다시 돌아와 큰 지옥으로 들어간다.

비구들아, 마땅히 알아야 한다. 그때 죄인들의 고통은 이루 다 헤아리기 어렵다. 가령 그 죄인들은 눈으로 빛깔을 보더라도 마음으로 사랑하지도 좋아하지도 않으며, 또 귀로 소리를 듣고, 코로 냄새를 맡으며, 혀로 맛을 보고, 몸으로 부드럽고 섬세한 감촉을 느끼며, 뜻으로 법을 알더라도 모두 성만 낸다. 왜냐하면 그곳은 본래 착한 행을 짓지 않은 인과응보로 말미암아 항상 나쁜 업(業)만 지었기 때문에 그런 벌을 받는 것이니라.

그때 염라대왕은 그 죄인들에게 명령한다.

"그대들은 좋은 이익을 얻지 못하였다. 전생에 인간 세상에 있으면서 세간의 복(福)을 받았으나 몸·입·뜻으로 지은 행이 서로 호응하지 않았고, 또 보시(惠施)·인애(仁愛)·남을 이롭게 함(利人)·평등한 이익(等利)을 행하지 않았었다. 그런 까닭에 지금 이런 고통을 받는 것이다. 이 나쁜 행(行)은 부모가 지은 것도 아니고, 국왕이나 대신이 지은 것도 아니다. 모든 중생들이 몸·입·뜻이 청정(淸淨)하여 더러움이 없으면 흡사 저 광음천(光音天)과 같을 것이고, 모든 중생들이 온갖 악행을 지으면 흡사 지옥과 같을 것이다. 너희들은 몸·입·뜻이 청정하지 못하였기 때문에 지금 이런 죄를 받는 것이다."

비구들아, 마땅히 알아야 한다. 염라대왕은 곧 이렇게 말한다.

"나는 장차 언제나 이 고난을 벗어날 수 있을까? 인간 세계에 태어나 사람의 몸을 얻으면, 곧 출가하여 수염과 머리를 깎고 세 가지 법의(法衣)를 입고 비구가 되어 도(道)를 배우리라."

염라대왕도 오히려 이런 생각을 하거늘 하물며 너희들은 이제 사람의 몸을 얻어 사문이 되지 않았는가? 그런 까닭에 모든 비구들아, 너희들은 항상 몸·입·뜻으로 짓는 행을 염두에 두고 행하여 이지러짐이 없게 하라. 마땅히 5결(結)을 끊고, 5근(根)을 닦고 행해야 한다. 이와 같이 모든 비구들아, 마땅히 이와 같이 배워야 하느니라."

　그때 모든 비구들은 부처님의 말씀을 듣고 기뻐하며
받들어 행하였다.

　　　　　　　　　　　　　　　　　　　『증일아함경』

　이와 같이 지옥경에서 모진 고통을 받고 다음 생에 인간
의 모습으로 다시 태어나지만, 전생의 악행에 대한 인과응
보로 현재의 모습과 환경이 만들어져 살고 있는 것이다.

　그러나 이것은 영원하지 않다.

　현재 그대들이 어떤 행위를 하며 사느냐에 따라 다음생
의 모습은 또 바뀐다.

　나는 이렇게 생각했다.

　내가 다겁생을 윤회하면서 여러 의식을 소유했을 것이고
여러 행을 했을 것이다.

　때문에 내 주변에서 일어나고 있는 모든 상황은 내가 과
거생에 인간사에서 행했던 일들일 것이다.

　그렇기 때문에 지금 내게 처해진 환경과 내가 받고 있는

불이익이나 타인에게서 받는 멸시 또한 내가 다겁생에 행해왔던 인과응보이기에 지금 내가 받고 있다.

지금 내 주위에서 일어나는 모든 상황은 모두 내 탓이다.

현재 그대들이 하고 있는 일도 그대들이 선택한 직업일 것이다.

누구에게 등 떠밀려 그 일을 했다. 해도 최종 결정자는 그대들이 선택했다.

사랑하는 배우자나 자식 또한 그대들 선택에서 이루어졌다.

내가 선택해서 이루어진 모든 상황은 내가 선택하지 않았다면 만들어지지 않았을 것이다.

좋은 일이든 나쁜 일이든 내 주의에서 일어나는 모든 상황들은 내 책임이므로 내가 감수하고 받아드려야 한다.

10

모든 행위는 내 자신에게 하고 있는 것

어떤 스님에게 불자가 찾아와서 스님께 절을 했다. 스님은 불자에게 이렇게 말을 했다. "나 때문에 그대가 그대에게 절을 하는 구려."

그렇다! 지금 그대들이 타인에게 하고 있는 행위는 그대들 자신에게 행하고 있는 것이다.

다음 생에 그대들에게 닥쳐올 상황이기 때문이다.

부처님께서 말씀하시길

"내가 계행(戒行)을 지키면서 큰 자비를 베푼다는 말을 듣고, 어떤 사람이 일부러 찾아와 나를 꾸짖고 욕했었다. 그때 나는 잠자코 대꾸하지 않았더니, 그는 스스로 꾸짖기를 멈추었다. 내가 그에게 '만일 당신이 어떤 사람에게 선물을 주려고 하는데 그가 받지 않는다면, 당신은 그 선물을 어떻게 하겠습니까?'라고 물으니, 그는 '그냥 가지고 돌아가지요.'라고 대답했다. 나는 그에게 이렇게 말했다. '조금 전에 당신이 나를 보고 갖은 욕을 다 했지만 나는 그것을 받아들이지 않았소. 그러니 당신은 그 욕을 당신에게 한 거나 다름이 없소. 마치 메아리가 소리에 응답하고 그림자가 물체를 따르는 것과 같이 당신은 자신이 저지른 허물에서 벗어날 수 없을 것이오.'"

악한 사람이 어진 사람을 해치는 것은 허공을 향해 침을 뱉는 것과 같다. 침은 허공에 머물지 않고 뱉은 얼굴에 떨어지게 마련이다. 바람을 거슬러 티끌을 뿌리면 도리어 자기가 뒤집어쓰게 되듯이.

『사십이장경』

사람이 삶을 살며 행하는 모든 행동은 자신에게 행하는 것이다.

나 이롭자고 하는 행위는 자신을 해롭게 하는 것이고 남을 이롭게 하는 행위는 남도 이롭지만, 자신에게는 더 많은 이로움이 있다는 걸 깊이 숙고하기를 바란다.

11

지구가 만들어진 이유

지금 우리가 살고 있는 지구는 불가에서도 사바세계[1]라
표현한다.

지구의 형성과정을 과학자들은 이렇게 말하고 있다.

약 50억 년 전 머나먼 곳 어느 별이 폭발하여 은하계 저
편으로 충격파를 보내 그로 인해 우리의 태양계가 될 가스
와 먼지가 분개하고 태양이 형성되기 시작했다.

---

1 사바세계(娑婆世界, sahā-loka-dhātu)의 음역. 인토(忍土)·인계(忍界)·감인
  계(堪忍界)라고 번역. 중생이 갖가지 고통을 참고 견뎌야 하는 이 세상.

다음 일억 년 뒤 목성, 수성, 금성, 지구, 화성 등이 형성
됐다고 한다.

이러한 일련의 과정은 과정일 뿐 원인은 인간의 업보에
의해 사바세계가 형성되었다고 본다.

부부가 사랑을 나누어 아이가 태어나는 것 또한 과정에
불가하다.

원인은 전생에 인연으로 아이가 그 부모의 몸을 빌려 그
시기에 그곳에 태어날 수밖에 없는 숙명이기 때문에 태어
난 것이다.

12

인간은 이기심과 갈애로 설정되어 있다

인간은 이기심과 갈애로 설정되어 있다. 어린 아이들에게 이기심을 훈련하지 않았는데 그들에게도 이기심이 작용한다. 성인이 될 무렵 전생의 의식을 그대로 사용한다.

사람들은 타인의 이기심에 피해를 보고 있다. 그러면서 자신도 이기심으로 타인에게 피해를 준다. 그러나 그들은 그것을 모른다. 자신의 생각이 옳다고 주장할 뿐 스스로 일으키는 이기심을 보지 못한다. 가정에서 학교, 직장에서 이기심을 가르치고 훈련한다.

이기심이 굳어질수록 타인도 다치게 하지만 스스로도 다

치게 한다. 자신에게 더 많은 상처를 입힌다.

　인간의 세계는 이기심의 세계이다. 정도의 차이는 있겠지만 누구나 갖고 있다.

　인간의 이기심과 갈애의 근원은 어디에 있는가?

13

전생의 의식 그대로 이생을 살아간다

인간이 명을 다해 죽은 후 업에 따라 육도 윤회를 하다. 다시 인간의 모습으로 태어날 때 전생과 다른 모습으로 태어나지만 전생의 의식은 그대로 가지고 태어난다.

전생과 이생은 연장선상에 있기 때문이다.

인간과 인간과의 관계, 인간과 다른 생명체의 관계, 모든 상황들이 전생의 후속편으로 이어지고 있는 것이다.

과거 다겁생을 그렇게 이어 왔고 미래 다겁생을 이렇게 이어 갈 것이다.

동성애는 생물학적 또는 사회적으로 같은 성별을 지닌

사람들 간에 감정적 성적 끌림을 성적 행위를 뜻하는 것이라고 한다.

왜 그들은 이성이 아닌 동성에 성적 감정이 끌리는가?

이들은 전생과 다른 성을 타고 났기 때문이다. 성별은 다르게 태어났으나 의식은 전생의 의식을 그대로 갖고 태어났기 때문에 이성이 아닌 동성에 성적 감정이 끌리는 것이다.

동물들에게 동성들 간에 성적 감정을 느끼지 않는다.

동성애의 성적 감정은 인간들에게만 존재한다.

왜 이와 같은 현상이 만들어 졌는지 어떻게 설명해야 되겠는가? 조물주가 인간을 만들 때 실수를 해서 일어난 일인가?

전생에 동성애자나 또 다른 사람들에게 성적 수치심을 주어 그들에게 심한 고통을 줬던 인과응보이거나 혹은 여자나 남자의 몸으로 살면서 다음생에는 다른 성으로 태어나길 소원으로 생각하고 있었을 것이다.

그러므로 그대가 성소수자들에게 수치심을 주거나 그들에게 괴로움을 주고 있다면 성소수자의 모습이 다음생에 그대 모습이 될 수 있으니 언행과 행동을 주의해야 할 것이다.

14

선과善果 악과惡果

인간들이 모여 사는 사회는 집단 이기심으로 설정되었다.

그 속에서 그대들이 배울 것이란 이기심이다.

그로인해 그대들이 슬프고 괴로움을 느끼면서도 그대들은 그곳에서 이기심을 배우고 익혀서 표출한다.

그대들은 인지하기도 하지만 그대를 스스로 인지하지 못하면서도 타인과 생명체에게 고통과 슬픔을 주고 있다.

모르고 짓는 죄는 알고 짓는 죄보다 크다고 할 수 있다. 알면서 지은 죄는 참회하고 반성하고 사과할 수 있는 기회가 있지만, 모르고 짓는 죄는 그 기회조차 상실되기 때문이다.

악과가 익은 사람들을 그대들은 추론해 볼 수 있을 것이다.

그들의 존재만으로 타인은 충분히 슬프고 괴롭다.

선과가 익기 전에는 선한 사람도 화를 만나지만 선과가 익은 후에는 선한 사람은 복만 만나고 악과가 익기 전에는 악한 사람도 복을 만나지만 악과가 익은 후에는 악한 사람은 화만 만난다.

선과가 익었다는 것은 행해지는 모든 행위마다 의도나 의식 없이 행위를 하지만 그 행위가 사람이든 동물이든 어떤 대상이든 모두를 이롭게 하는 것이고, 악과가 익었다는 것은 타인과 모든 생명체의 괴로움과 불행을 염두에 두지 않고 자신의 이익과 즐거움만을 탐하는 것으로 이기심의 극치이다.

15

이타행利他行

부처님께서 인간은 갈애의 노예라 말씀하셨다.

"인간들이 행하고 있는 모든 행위가 갈애·갈망·욕구에서 비롯되고 있는데 무슨 이유로 천상에서 나기도 하는 사람들이 있는가?"

그것은 이타행이다. 타인을 혹은 다른 생명체를 이롭게 하고자 하는 행위가 있기 때문이다.

운동하면 내 몸이 건강해지고 오래 살면서 타인과의 경쟁에서 이길 수 있는 신체를 만들겠다는 생각이 있었다면 악한 행위에 속한다.

같은 운동을 하면서 선행을 하는 자는 어떤 생각을 짓는가?

내 건강을 유지해야 타인들에게 도움을 줄 수 있을 것이고 부모와 배우자에게 내 몸이 아픈 걱정을 주지 않을 것이며 나를 고용해서 내 가족의 생계를 유지시켜 주는 고용주에게 득이 될 수 있는 직원으로 열심히 일할 수 있는 신체를 만들어야 되겠다. 물론 여기에도 욕구는 가미 되어 있다. 그러나 이타심의 비중이 크다 하겠다.

음식을 만드는 자영업자는 내가 만든 음식을 섭취하는 모든 사람들이 앓고 있는 모든 지병이 완치 됐으면 좋겠다는 마음을 내야하고, 외모를 가꿀 때도 타인들이 내 모습을 보고 기뻐했으면 하는 마음이 앞서야 하며, 여러 상황마다 살아있는 모든 생명체에게 이로움을 주겠다는 자신의 헌신으로 인해 타인에게 이로움을 주고자 하는 행위가 천상에 나는 행위이다.

부처님 말씀을 모두 외워도 바른 실천행을 하지 않으면 천상에 날 수가 없을 것이다.

16

부자는 천국에 들어가기 어렵다

사람이 죽음이 임박해 오면 자신이 살아온 삶을 회상 하게 된다.

자신이 모아 놓은 재물을 저승길에 가져갈 수 없다는 것을 알고 죽음에 임박해 있을 때 사회에 환원하기도 하는데 정작 본인에겐 큰 도움이 되지 못한다.

상근기의 의식으로 바꾸기엔 이미 때는 늦었다.

좀 더 일찍 욕심을 덜 내고 사업파트너에게 이익을 더 주고 어렵고 힘든 이들을 보살피는 것을 게을리 하지 말았어야 했다.

죽음에 임박해서야 사회에 환원하는 것은 가져갈 수 없어 버리고 가는 것과 다르지 않다.

예수님 말씀 중에 부자는 천국에 들어가는 것은 낙타가 바늘구멍을 통과하는 것보다 어렵다고 말씀하셨다. 지극히 옳은 말씀이다.

지구상에 부자들이 타인을 배려하고 본인의 것을 나누는 행위를 즐겨했다면 기아에 굶주려 죽는 사람은 없었을 것이다.

그들에게는 타인을 위하는 마음이 평범한 사람들 보다 작다. 그들은 아침에 눈을 뜨는 순간부터 저녁에 잠에 드는 순간까지 재물에 대한 집착에 머물러 있을 것이다.

꿈은 무의식중에 꾸는 것인데 의식 중에 간절히 바라는 것들이 모여 있다 잠이 깊이 들었을 때 꿈으로 나타난다.

재벌가들은 꿈속에서 조차 재물을 늘리고 있을 것이다. 심지어 그들은 부모에 대한 효도를 재물 증식으로 활용하고 자식에 대한 사랑도 재물 증식으로 활용하고 흔히 말하는 인류지대사 결혼도 재물 증식으로 활용하고 있다.

다수의 고위 공직자나 판사·검사·변호사·정치인들은 재벌가의 노예가 되기를 갈망한다.

연예인들 또한 재벌가 상품에 모델이 되기를 희망한다.

직장인들로 재벌가 기업에 취직하기를 희망하며 모든 지식과 체력을 쏟아 붓는 노력을 게을리 하지 않는다.

욕구가 강한 사람일수록 노예근성은 다분히 존재한다.

재벌가들은 이와 같은 이들을 자신의 부를 증식하는데 쓸모 있는 머슴으로 보고 있다. 욕구가 강한 사람들은 치열하고 분주한 삶을 산다.

거짓 없는 진실

애써 모아놓은 재물을 저승길에 가지고 간다 해도 그 재물은 저승 세계에서는 사용이 불가능하다. 저승길의 화폐는 타인에 대한 배려와 선행이 화폐로 쓰이기 때문이다.

부처님께서는 지금 재벌들과 비교도 안 되는 한 나라의 왕이 될 수 있었는데 왕관을 버리시고 자신의 본 모습을 찾으러 여행을 시작하셨다.

허기졌을 때는 남의 집에 가서 남은 음식을 얻어 드시면서 수행을 하셨고, 목적지에 다 왔으면서도 남의 집에 가서 찬 음식을 얻어 드셨다.

그대들이 생각하기엔 참 바보 같은 짓으로 보일 것이다.

산해진미를 버리시고 구걸해서 허기를 달래고 푹신한 침대를 놔두고 길에서 웅크리고 벌레에 뜯기며 잠을 자는 모습들이 …

그래서 부처님의 경전에는 거짓이 없다는 것이다. 거짓말을 왜 하는가? 본인이 얻고자 하는 무언가를 얻기 위해서 거짓말을 한다.

부처님께서는 있는 것을 버리시고 비우시고 베푸시고 하신 말씀이시기에 거짓이 성립될 수 없다.

> **부처님께서 말씀하시길**
>
> 나는 왕자의 지위를 문 틈에 비치는 먼지처럼 보고, 금이나 옥 따위의 보배를 깨진 기왓장처럼 보며, 비단옷을 헌 누더기 같이 보고, 삼천대천세계(三千大千世界)를 한 알의 겨자씨 같이 본다. 열반의 아침저녁으로 깨어 있는 것과 같이 보고, 평등을 참다운 경지로 보며 가르침을 펴는 일은 사철 푸른 나무와 같이 본다.
>
> 『사십이장경』

17

잠재적 욕구에 속고 있다

사랑은 선행인가?

이 시대에 대표적인 사랑이야기 로미오와 줄리엣의 사랑을 살펴보자

이 이야기는 많은 사람이 공감하고 이와 같은 사랑을 실행하고 있다. 사랑은 잠재적 욕구가 표출된 심리적 작용이다. 그리고 서로 정신적 교류에 의해 맺어진다.

자신의 욕구에 충족되지 않는다면 사랑의 감정은 일어나지 않는다.

그대들의 일상생활에서 행해지는 것들 하나하나가 잠재

적 욕구와 학습된 의식에 의해 선택되고 욕구와 부합되지 않을 때는 불편한 감정도 일으킨다.

멋진 차, 멋진 집, 멋진 옷, 멋진 이성 잠재적 욕구는 여러 대상에 습관적이고 훈련된 공허한 관념의 속임수에 마음이 생겨난다.

사랑의 감정 속에는 미움이 잠재해 있다.

그대들은 언젠가 어떤 계기로 인해 사랑의 감정을 거두어들이고 그곳에 미움의 씨앗을 뿌릴 것이다.

사랑이 불행으로 변이되 아픔을 맛보게 된다.

사람들은 장수하는 것을 희망한다.

지혜의 빛은 전혀 발하지 않고 어둠 속에 갇혀 있는 삶을 살아가고 있는 이들에게 오래 장수한다는 것은 재앙이라 할 수 있겠다.

그들은 일생 동안 살면서도 지혜의 길을 알지 못했다. 이것은 내 아들이다. 이것은 내 재산이다. 어리석은 이들은 이렇게 말한다.

그들은 삶의 나무에서 낙엽이 지고 있는 순간에도 부끄러운 줄 모르고 남을 헐뜯고 중상모략하고 욕심내고 성내며 타인을 증오하고 번뇌의 쓰레기만 모으고 있는 삶을 살면서 장수하는 것은 그들에게 크나큰 재앙이다.

그들에게는 장수한 삶을 더 사는 만큼 악업은 쌓이게 된다. 그들의 나쁜 행위가 무르익어 쓰디쓴 고통을 맛보게 될 것이다.

18

근기根機

사람들마다 여러 인격을 소유하고 있는데 불가에서는 근기라고 표현한다. 근기를 나누면 상, 중, 하 근기가 있는데 편의상 아홉 개로 나누어 설명하자면 상근기도 상, 중, 하로 중·하근기도 상, 중, 하로 나누어 보겠다.

하근기에서 상, 중, 하 근기를 가진 사람은 다른 사람들과 동물들에게 고통을 주고 괴롭힘을 주면서 본인들은 즐거움으로 인식한다.

조직폭력배, 보이스피싱, 사기꾼, 사냥꾼, 낚시꾼, 도축업자, 도둑 등등 이와 같은 행위를 하는 사람은 다른 사람과 동물의 고통과 괴로움을 자신의 즐거움으로 인식한다.

그들이 다소 선행도 하겠지만, 그것은 그들의 본 모습은 아니다. 중근기의 사람들은 타인에게 이로움을 줄려는 의도 없이 사회 통념상 살며 자신의 이익만을 추구한다.

상근기의 사람은 항상 주의를 살피며 타인과 다른 생명체에게 이로움을 주려고 노력을 게을리 하지 않는다.

최상근기는 타인과 모든 생명체에게 이로움을 주려는 의도를 갖고 있지 않지만 모든 행위 속에는 타인과 다른 생명체에게 이로움을 준다.

하근기의 의식 소유자들은 무의식 속에서도 타인을 괴롭힌다. 잠을 자면서 코를 고는 것도 소리를 내는 것이다. 말이라 할 수 있다. 코를 고는 사람은 빨리 고쳐라. 왜 잠을 자면서까지 다른 사람에게 고통을 주는가. 술을 마시면 코를 고는 사람은 다른 사람과 같이 잠잘 때 술을 마시면 안된다. 타인을 괴롭히는 결과를 가져온다. 상근기의 의식 소유자는 코를 골지 않는다. 무의식중에도 타인을 괴롭히지 않기 때문이다. 코를 심하게 골며 잠을 자는 사람은 하열한 의식의 소유자이다.

상근기의 의식 소유자에게서는 몸에서 의식에서 향기로움이 나고 하근기의 의식 소유자에게서는 몸에서 악취가

나고 의식에선 악한 기운이 흐른다.

  악취를 감추려고 향수를 몸에 뿌려보지만 ……

  의식은 감출 수 없다.

19

끼리끼리

그대들 자신이 어떤 근기를 가지고 있는지 알려면 그대들이 친하게 지내고 있는 주변 사람들을 보라.

서로 코드가 맞는 사람끼리 우애를 쌓으며 무리가 형성되었다.

도둑은 도둑끼리 모여 도둑질 할 궁리만 하고 큰 도둑인 재벌들은 재벌끼리 재물 불릴 정보를 주고받고 정치인, 종교인, 운동선수 등 각자 의식을 공유할 수 있는 사람들끼리 친분을 쌓는다.

타인을 이롭게 하는 사람의 무리에 타인을 해코지 하려

는 조직폭력배나 도둑, 사기꾼들이 같이 할 수 없다.

그대 주변에 욕심스러운 사람들이 많이 있다면 그대도 언젠가 그 욕심에 해를 입을 것이다. 그대 주변에 폭력적인 성향의 사람들이 많이 모여 있다면 그대는 언젠가는 그 폭력에 희생양이 될 것이다.

그대 주변에 타인을 이롭게 하려는 사람들이 많이 모여 있다면 그대가 난처한 상황에 처해 있을 때 그들이 그대를 도와 줄 것이다.

그들의 타인은 그대이기 때문이다.

20

부메랑

말은 창이고 칼이며 총이다.

말로 인해 어떤 이는 상처를 입고, 어떤 이는 죽음에 이르고, 누구는 누명을 쓰고, 어떤 이는 패가망신하고, 그로 인해 서로 간에 원결을 맺기도 하고, 어떤 이는 힘을 얻기도 하고 목숨을 살리기도 하고, 어떤 이는 상처를 치유하기도 한다.

인간사의 열 가지 죄업 중 네 가지 죄업을 짓는 것이 말로 짓는 것이다. 타인에게 행하는 말들은 부메랑이 되어 자신에게로 반드시 돌아온다.

현세에 돌아오기도 하지만 다음생에 이자가 덧붙여져 자신에게 되돌아온다.

지금 그대가 타인에게 악한 말을 하지 않았는데 여러 사람이 그대에게 악한 말을 하고 있고 그대가 듣고 있다면 그대는 전생 전전생에 타인에게 했던 말들이 그대에게 돌아온 것이라 생각하라.

21

부처님의 소임

처음 불교에 입문한 초심자는 많은 난관에 부딪치게 된다.

부처님의 경전 내용은 최상근들 의한 말씀이기에 초심자가 이해하기란 불가능한 일이다. 그러다보니 대다수의 불자들은 집안의 안녕과 사업의 번창과 가족의 안위를 바라는 마음으로 절에 다니고 있는 것이 현실이다.

사찰에 출입하면서 부처님은 복을 주시는 분으로 믿고 다닌다. 승려들도 신도들을 부추겨 신도들의 재산을 착취하기도 한다. 유명한 사찰 앞에 간혹 '한 가지 소원을 성취하는 도량'이란 현수막이 걸려 있다. 이게 말인가! 방구인가!

대다수의 사람들은 이런 말을 믿고 물에 빠진 사람이 지푸라기라도 잡는 심정으로 사업이 잘되고 자녀의 대학 합격을 기원하는 등 갖가지 사연으로 부처님 형상 앞에 절을 하며 부처님께 요구한다.

이런 행위는 부처님을 무당으로 평가 절하하는 행동이다. 부처님께서는 복을 주시는 분이 아니다. 복을 쌓는 법을 가르쳐 주신 분이다.

내 자식 대학에 붙으면 남의 자식은 대학에 떨어져야 하는데 부처님께서 이런 일을 하실 분인가?

부처님께서는 욕심을 내지 말라고 가르치셨는데 그들은 부처님 형상 앞에서 싫습니다. 저는 욕심을 많이 내고 살겠습니다. 그러니 부처님께서 반드시 저에게 선물을 주셔야 합니다. 이러면서 법당에 많은 사람들이 앉아 있다.

부처님의 제자 아니룻다는 밤잠을 자지 않고 지나치게 정진하던 끝에 불행히도 실명(失明)하고 말았다. 정진한 결과 마음의 눈[慈眼]은 열렸지만 육안을 잃어버린 그의 일상은 말할 수 없이 불편했다.

어느 날 해진 가사를 깁기 위해 바늘귀를 꿰려고 했지만 꿸 수가 없었다. 그는 혼잣말로 '복을 지으려는 사람은 나를 위해 바늘귀를 좀 꿰어 주면 좋겠는데…' 하고 중얼거렸다. 이때 누군가 그의 손에서 바늘과 실을 받아 해진 가사를 기워준 사람이 있었다. 그가 부처님인 것을 뒤늦게 알고 아니룻다는 깜짝 놀랐다.

"아니, 부처님께서는 그 위에 또 무슨 복을 지을 일이 있으십니까?"

"아니룻다여, 이 세상에서 복을 지으려는 사람 중에 나보다 더 한 사람은 없을 것이다. 왜냐하면 나는 여섯 가지 법에 만족할 줄을 모르기 때문이다. 여섯 가지 법이란 보시와 교훈과 인욕(忍辱)과 설법과 중생 제도와 최상의 진리를 실현함이다. 그리고 끝없는 중생들을 위해 복을 지어야 한다. 이 세상의 모든 힘 중에서 복의 힘이 으뜸이다. 그 복의 힘으로 깨달음을 이룬다."

『증일아함경』 역품

22

바른 봄

깨어 있다는 것은 보는 것이다. 사념 모두를 빠짐없이 관찰하는 것을 말한다.

통찰의 유일한 기능은 윤회의 근원인 욕망, 잘못된 견해, 무명과 같은 번뇌와 마음의 오염을 쳐부수는 것이다.

이것은 수행을 통해 얻으면 업보에 휘둘리지 않고 업보를 휘두르며 사는 삶이 가능하다. 앞으로의 삶이 매우 희망적이며 두려움을 굴복시킬 수 있는 힘이 생긴다.

네 가지 성스러운 진리 고, 집, 멸, 도 사성제가 있다.

고는 괴로움을 말하며 그 원인은 집착에서 오며 괴로움

을 멸하는 길은 팔정도와 육바라밀이 있다.

팔정도[1]는 정견(바른 견해), 정사유(바른 사유), 정어(바른말), 정업(바른 행위), 정명(바른 생활 방식), 정정진(바른 노력), 정념(바른 생각, 알아차림), 정정(바른 마음집중) 등이다.

천수경[2]에 십악[3]참회가 있는데 열 가지의 악업이 인간사

---

1 팔정도(八正道, āryāṣṭāṅgika-mārga, ariya-aṭṭhaṅgika-magga) : 괴로움의 소멸에 이르는 여덟 가지 바른 길. ① 정견(正見) : 바른 견해. 연기(緣起)와 사제(四諦)에 대한 지혜 ② 정사유(正思惟) : 바른 생각. 곧, 번뇌에서 벗어난 생각, 노여움이 없는 생각, 남에게 해를 끼치지 않는 생각 등 ③ 정어(正語) : 바른 말. 거짓말 남을 헐뜯는 말, 거친 말, 쓸데없는 잡담 등을 삼가 함 ④ 정업(正業) : 바른 행위. 살행이나 도둑질 등 문란한 행위를 하지 않음 ⑤ 정명(正命) : 바른 생활. 정당한 방법으로 적당한 의식주를 구하는 생활 ⑥ 정정진(正精進) : 바른 노력. 이미 생긴 악은 없애려고 노력하고, 아직 생기지 않은 악은 미리 방지하고, 아직 생기지 않은 선은 생기도록 노력하고, 이미 생긴 선은 더욱 커지도록 노력함 ⑦ 정념(正念) : 바른 마음챙김. 신체, 느낌이나 감정, 마음, 모든 현상을 있는 그대로 통찰하여 마음 챙김 ⑧ 정정(正定) : 바른 집중. 마음을 하나의 대상에 집중·통일시킴으로써 마음을 가라앉힘.

2 천수경(千手經) : 불교 경전의 하나로 천수관음의 유래와 발원, 공덕 따위를 말한 경문을 말한다. 흔히 『천수다라니경』이라고도 한다. 원래 이름은 천수천안관자재보살 광대원만무애대비심 대다라니경인데 이는 한량없는 손과 눈을 가지신 관세음보살이 넓고 크게 걸림없는 대자대비심을 간직한 큰 다라니(만다라)에 관해 설법한 말씀을 뜻한다.

3 십악(十惡) : 몸과 말과 뜻으로 짓는 열 가지 죄악. ① 살생(殺生) : 사람이나 동물 따위, 살아있는 것을 죽임 ② 투도(偸盜) : 남의 재물을 훔침 ③ 사음(邪婬) : 남녀 간에 저지르는 음란한 짓 ④ 망어(妄語) : 거짓말이나 헛된 말 ⑤ 악구(惡口) : 남을 괴롭히는 나쁜 말 ⑥ 양설(兩舌) : 이간질하는 말 ⑦ 기어(綺語) : 진실이 없는, 교묘하게 꾸민 말 ⑧ 탐욕(貪欲) : 탐내어 그칠 줄 모르는 욕심 ⑨ 진에(瞋恚) : 성냄 ⑩ 사견(邪見) : 그릇된 견해.

에서 범하는 악한 행위의 모두를 말한다.

살생하고 도둑질하고 사음하고 거짓말하고 이간질하고 두 가지 말하고 험한 말하고 욕심내고 성내고 어리석음을 행하며 팔정도를 수행할 수 없다.

그대가 십악을 저지르며 살고 있다면 그대는 하근기의 의식에 살고 있는 것이고 십악을 저지르지 않고 살고 있다면 상근기의 의식으로 살고 있는 것이다.

십선은 무엇인가?

살생하지 않고 죽어가는 생명을 살리고, 도둑질하지 않고, 내 것을 대가 없이 타인에게 베풀고 사음하지 않고 거짓말하지 않고 바른말만 하고 이간질하지 않고, 상대를 존중하고 두 가지 말하지 않고 같은 말만 하고 험한 말하지 않고 선한 말만 하고 욕심내지 않고 절제하고 성내지 않고 인자하고 어리석지 않고 삶의 이치를 통찰한 행위자가 십선을 행한다 할 것이고 이와 같이 행하는 자는 상근기의 의식을 소유했다 할 것이다.

상근기의 관점에서 보는 팔정도와 중근기의 관점에서 보는 팔정도는 차원이 다르다.

부처님께서 말씀하시길 모든 것은 항상 하지 않고 생하고 멸하는[4] 것이다. 생하고 멸하는 것이 다 멸해 버리면 고요하다는 의식마저 멸하면 고통이 사라진 즐거움이라 하셨다.

이 책의 내용은 중근기 의식 소유자를 상근기 의식으로 성장시키는 이정표이다. 깊이 사유하고 숙고하고 반조하고 고찰함으로써 지혜가 드러난다.

일반적인 의식을 소유하고 있는 사람들은 고통이 외부 타인에게서 오는 것으로 인지한다.

일상생활 속에서 많은 인파 속을 걸을 때 서로 부딪치고 자전거와 자동차와 부딪쳤을 때 사람들은 화부터 내기 시작한다. 하근기의 전형적인 모습이다.

상대는 가해자고 자신은 피해자로 인식한다. 가해자도 그대이고 피해자도 그대이다.

그곳에 왜 갔는가. 친구를 만나러 갔거나 쇼핑을 하러 갔거나 그곳에 가기를 선택하고 결정을 내려 행동으로 옮긴 것은 그대이다. 그곳에 그 시간에 가지 않았다면 그런 일은 없었을 것이다.

그대의 선택으로 그런 상황이 만들어 졌는데 왜 남의 탓

---

4 생멸(生滅, utpāda-bhaṅga) : 생겨남과 소멸함. 모임과 흩어짐. 나타남과 사라짐. 변화함.

을 하는가. 혹 그대의 배우자가 다른 이성과 밀애를 즐기고 있다고 해도 그대 탓이다 해야 옳다. 그대가 그대 배우자에게 소홀이 했거나 전생에 그대가 그대 배우자와 살면서 다른 이성과 밀애를 즐겼기 때문에 그에 대한 인과응보를 받는 것이다.

그리고 그대가 배우자를 선택했고 그로 인해 일어난 일인 만큼 그 책임은 그대에게 있다. 이웃 간 에 분쟁도 직장동료 간의 불화도 자녀의 일에서도 그곳에 있기를 선택한 것은 그대 자신이므로 그곳에서 그대에게 불이익이 있다 해도 그것은 모두 그대 탓이다.

남의 탓을 하지 마라. 남의 탓을 하다보면 미움과 악구와 분쟁이 일어나지만 내 탓을 하면 평화로움이 그대 옆에 있다.

나는 지구라는 행성이 생긴 것도 내 탓으로 보고 있다. 이 세상은 나 때문에 존재한다. 내가 없으면 이 세상도 존재하지 않는다. 내 주변에서 일어나는 모든 상황들은 내가 주체이기 때문에 내 탓이 아닌 것이 없다.

23

보물

부처님의 가르침을 알고자 하는 초심자들은 앞서 설명한 열 가지 악한 행위를 선한 행위로 바꿔 생활을 하고 뜬금없이 일어나는 사념에 도취되는 것을 경계해야 한다.

부처님께서 미후지의 중각강당에 계실 때 모든 비구에게 말씀하시었다.

"비유를 들자면 대지가 모두 큰 바다를 이루는데, 어느 날 수명이 무량겁인 한 마리 눈먼 거북이가 바다 가운데 떠 있는 구멍 난 나무토막 하나를 얻어 바람 따라 동서로 움직이며 쉬다가 다시 바다 속으로 돌아갔다. 그 눈먼 거북이가

백 년에 한번 출두하여 마땅히 이 구멍 난 나무토막을 만날
수 있겠는가?"

아난이 부처님께 아뢰었다.

"불가능합니다. 왜냐하면 이 눈먼 거북이가 바다의 동쪽
에 이르면 부목을 바람 따라 혹 바다 서쪽에 이르거나 남,
북 사방으로 이르기 때문에 만날 수 없을 것입니다."

부처님께서 아난에게 말씀하셨다.

"눈먼 거북이와 부목이 비록 어긋나지만 어쩌다가 서
로 다시 만날 수도 있다. 그러나 어리석은 범부는 오취[1]에
표류하여 잠시라도 사람 몸 받기가 저 거북이보다 심히
어렵다. 왜냐하면 저 모든 중생의 의(義) 법(法) 선(善) 진실
을 행하지 않으며 강한 자가 약자를 능멸하며 무량한 악
을 짓는 까닭에 오취에 표류하게 되는 것이다.

그러므로 비구여! 사성제에 대해 무간등에 이르지 못한
자는 응당히 방편에 힘써서 무간등을 배울지니라."

---

1 오취(五趣) : 중생이 선악의 업보에 따라 이르게 되는 다섯 곳. 천상·인
간·지옥·축생(畜生)·아귀(餓鬼). 오도(五道).

이와 같이 사람몸 받고 태어나기가 참으로 어렵다. 또한 바른 법이 있는 곳에 태어나기도 어렵다.

사바세계에 다시 태어나 부처님 법이 있는 곳에 태어난 것을 인간으로써 얻을 수 있는 가장 큰 행운이다.

그러나 인연이 없으면 보물이 옆에 있는 데도 그 보물을 알아보지 못한다. 고양이가 생선만 귀히 여기고 개가 뼈다귀만 안고 있듯이 지어 놓은 복이 적으면 보물을 알아보지 못한다.

남이 나에게 이로움을 줄 때나
남이 나에게 괴로움을 줄 때나
모든 일이 내 뜻대로 될 때나
모든 일이 내 뜻대로 되지 않을 때나
남이 나를 칭찬할 때나
남이 나를 희롱할 때나
내외 형편이 좋을 때나
내외 형편이 안 좋을 때나
편안하고 즐거울 때나

고생스러울 때나

여러 가지 경계에 좋아하고 싫어하는 마음을 일으킨다면
그는 성공한 인생을 살고 있다고 할 수 없다.

그대들이 간절히 찾고 있는 행복이라는 보물은 그대들
품안에 있다. 그러나 그대들 손아귀에 쥐어져 있어도 보물
을 활용하지 못하고 있다.

보물을 활용할 줄 알면 굶주림에서 목마름에서 벗어날
수 있는데 그대들은 보물을 활용할 줄 모른다.

보물이 그대들 마음 오물 속에 있다고 오물로 쓰지 마라.
인간들의 의식은 잡다한 오물로 가득 들어 차 있다.

그래서 다른 차원의 세계, 전생 후생 윤회 지옥 천상 극
락 등 여러 세계를 볼 수 있는 공간이 없게 된다.

부처님의 의식은 차원이 다르다.

부처님의 의식은 비어있는 의식 소유주이다.

비어있는 공간에는 다른 형체를 담을 수 있듯이 여러 차
원의 세계를 다 보시고 다 아신다.

부처님께서는 부처님들의 세계에 좀더 일찍 가실 수 있
으셨으나 중생들이 받고 있는 고통을 외면할 수가 없으셔
서 부처의 세계에 들어가시는 것을 연기하시고 중생의 세

계에 남아 있으시면서 부처님께서 보고 증득하신 것을 남김없이 중생들에게 팔만대장경을 말씀하셨다.

부처님의 출현으로 수많은 수행자들은 절대적 정신의 자유에 도달하였고 셀 수 없이 많은 이들이 극락왕생할 수 있었다.

지금도 다수의 수행자들은 사념의 장막에서 벗어나 고요한 삶을 즐기며 살고 있다.

그대들이 가지고 있는 중생의 의식을 모두 비워 아무것도 존재하지 않는 그 공간에 부처의 의식이 피어난다.

팔정도 육바라밀 12연기[2] 이근원통의 수행이 그곳으로 갈 수 있는 방법이고 길이다.

---

2 십이연기(十二緣起) : 괴로움이 일어나는 열 두 과정. ① 무명(無明, avidyā) : 사제(四諦)에 대한 무지 ② 행(行, saṃskāra) : 무명으로 일으키는, 의도(意圖)하고 지향하는 의식 작용. 무명에 의한 의지력·충돌력·의욕 ③ 식(識, vijñāna) : 식별하고 판단하는 의식 작용. 인식 작용 ④ 명색(名色, nāma-rūpa) : 명(名)은 수(受)·상(想)·행(行)·식(識)의 작용, 색(色)은 분별과 관념으로 대상에 채색하는 의식 작용. 곧, 오온(五蘊)의 작용 ⑤ 육입(六入, ṣaḍ-āyatana) : 대상을 감각하거나 의식하는 안(眼)·이(耳)·비(鼻)·설(舌)·신(身)·의(意)의 작용 ⑥ 촉(觸, sparśa) : 육근(六根)과 육경(六境)과 육식(六識)의 화합으로 일어나는 마음 작용 ⑦ 수(受, vedanā) : 괴로움이나 즐거움 등을 느끼는 감수 작용 ⑧ 애(愛, tṛṣṇā) : 갈애(渴愛). 애욕. 탐욕 ⑨ 취(取, upādāna) : 탐욕에 의한 집착 ⑩ 유(有, bhava) : 욕계·색계·무색계의 생존 상태 ⑪ 생(生, jāti) : 태어난다는 의식 ⑫ 노사(老死, jarā-maraṇa) : 늙고 죽는다는 의식.

24
무지함

    사람들은 흔히 한번 뿐인 인생 멋지게 살아보자. 대다수의 사람들도 인생은 한번 뿐이라고 믿고 있다. 그들이 과거 전생과 미래 후생을 보았다면 인생은 한번 뿐이다라고 말하지 않았을 것이다. 어리석은 자들의 어리석은 표현일 뿐이다.

    자신들이 보지 못했다고 없는 것으로 치부한다. 그러면서 자동차를 운전할 때 이정표를 잘도 따라 다닌다.

    이정표는 다른 사람들이 가보고 만들어 놓은 표시라고 말할 것이다. 정도의 차이는 있겠지만 사람은 누구나 자폐

성향을 갖고 있기 때문이다. 자신이 좋아하는 것만 믿으려
는 심리작용으로 열린 사고를 마비시키기 때문이다.

25

보이지 않는 것

나는 수행자와 속세 사람들 구분을 승복을 입고 속복을 입는 것으로 구분 짓지 않는다. 그들의 외형적인 모습보다는 내면의 의식으로 수행자인지 아닌지를 구분한다. 나는 어린아이의 모습과 어른의 모습으로 어른과 아이를 구분 짓지 않는다. 그들의 의식 수준으로 어른과 아이를 구분 짓는다.

부처님 당시에도 부처님보다 나이가 많은 제자들이 부처님께 가르침을 받았다. 인연이 도래해 먼저 태어나고 나중에 태어났을 뿐 나이로써 위아래를 가릴 수 없고 승

복을 입었으나 탐, 진, 치가 가득한대 어떻게 승려로 보겠는가!

비록 나이는 어리지만, 손안에 있는 아끼던 물건을 다른 아이에게 주는 아이와 남의 물건을 훔치고 빼앗고 타인에게 폭력과 폭언을 하는 나이 많은 어른 중 누가 어른스러운 모습을 보이는가! 승복을 입고 있으나 욕심내고 성내고 악한 말을 하는 자와 속세에 살면서 어려운 이웃에게 나눔을 실천하고 스스로를 낮추고 겸손한 사람이 있다고 하자. 과연 그들 중 누구를 수행자라 할 수 있겠는가!

26

보시, 지계, 인욕

육바라밀은 보시, 지계, 인욕, 정진, 선정, 지혜를 말한다.

가난한 이웃이 와서 도와 달라고 하면 선뜻 보시해 그를 즐겁고 만족하게 한다.

이웃이 나의 복밭이고 선지식이다.

찾아가지도 않고 청하지도 않았는데, 몸소 와서 나에게 바른행을 하게 하는구나. 이와 같이 생각하고 즐거운 마음으로 보시를 행해야 하고 어떤 명예나 대가를 바라거나 자신에 이익을 바라는 마음을 내어서도 안 된다.

이웃의 괴로움을 여의고 즐거움을 얻게 하려는 마음만 내야 한다.

27

재산이 없어도 줄 수 있는 7가지 보시

어떤 이가 부처님을 찾아가 호소를 하였답니다.

"저는 하는 일마다 제대로 되는 일이 없으니 이 무슨 이유입니까?"

"그것은 네가 남에게 베풀지 않았기 때문이다."

"저는 아무 것도 가진 게 없는 빈털터리입니다. 남에게 줄 것이 있어야 주지 뭘 준단 말입니까?"

"그렇지 않느니라. 아무리 재산이 없더라도 줄 수 있는 일곱 가지는 누구나 다 있는 것이다.

첫째는 얼굴에 화색을 띠고 부드럽게 정다운 얼굴로 남에게 대하는 것이요.

둘째는 말로써 얼마든지 베풀 수 있으니 사랑의 말, 칭찬의 말, 위로의 말, 격려의 말, 양보의 말, 부드러운 말 등이다.

셋째는 마음의 문을 열고 따뜻한 마음을 주는 것이다.

넷째는 호의를 담은 눈으로 사람을 보는 것처럼 눈으로 베푸는 것이다.

다섯째는 몸으로 짓는 것으로 남의 짐을 들어 준다거나 일을 돕는 것이다.

여섯째는 때와 장소에 맞게 자리를 내주어 보하는 것이고,

일곱째는 굳이 묻지 않고 상대의 마음을 헤아려 알아서 도와주는 것이다.

네가 이 일곱 가지를 행하여 습관이 붙으면 너에게 행운이 따르리라!"고 말씀하셨다.

이와 같이 타인을 위한 진심어린 행위는 가진 것이 없어도 남에게 행할 수 있는 보시행이다.

나는 예전에 탁발을 해서 독거노인과 장애인들에게 무료 급식소를 운영하여 그들에게 식사를 제공한 적이 있었다.

사람들의 왕래가 많은 곳에서 탁발을 하다 보니 도시 번

화가 노상에서 탁발을 할 수밖에 없었다.

삼복더위에는 페트병에 물을 얼려 가슴에 품고 탁발을 했고 겨울에는 핫팩을 주머니에 넣고 탁발을 하여 무료급식소를 꾸려나갔다.

나는 생각했다. 내가 할 수 있는 모든 정성과 최선을 다하지 않으면 진정한 보시가 될 수 없구나!

그러던 어느 날 부처님께서 오셔서 공양을 하신다는 소식이 와서 음식을 정성스럽게 준비하여 부처님께 공양을 올렸다. 부처님께서는 공양을 마치시고 아무 말씀 없이 돌아가셨다.

한동안 그 상황이 머릿속에서 지워지지 않았고 부처님께서 무슨 말씀을 전하시려고 하셨던 것일까? 생각하다 부처님께서 공양을 하시고 가신 이유를 알게 되었다. 지극한 정성으로 타인에게 베푸는 것을 부처님에게 공양을 올리는 것과 같고 그 공양물을 먹고 있는 노인과 장애인들을 먼 미래세대 모두 부처가 되실 분들이다.

거짓 없는 순수함 주한 바 없는 보시 진심어린 지극정성을 육바리밀에 보시는 이렇게 설명할 수 있다.

지계는 계율인데 십악을 십선으로 바꾸어 행하고 타인과 모든 생명체에게 이로움을 주는 것이라고 말할 수 있다.

인욕은 참는 것이다. 바른 인욕을 하려면 인과응보 인연법을 알고 본인 자신을 볼 줄 알아야 한다.

자신을 보는 것이란 어떤 것인가? 그대들의 의식 속에 일어나는 모든 사념, 망상을 들여다보는 것이다. 깨어있는 의식 속에서 머물며 주마등처럼 스쳐 지나가는 모든 것을 관찰하고 그것에 동요나 동화 되지 않는 의식을 언제나 유지해야 한다.

참으면 병이 생기고 먼 훗날 재앙이 돼서 돌아온다고 했는데 유신시절에 김재규와 차지철의 관계가 재앙이 된 사례이다.

안기부장인 김재규는 경호실장인 차지철에게 많은 수모를 당해왔다고 생각했다. 그때는 참는 것 같이 보였지만 어떻게 해볼 수 없는 상황이기에 가슴 속에 묻어둘 수밖에 없었다. 그러던 어느 날 그들에게 재앙이 닥친 것이다. 김재규는 차지철을 총으로 쏘아 죽여 버렸다. 비단 이 이야기뿐 아니라 역사를 살펴보면 이와 같은 일이 동서고금을 막론하고 비일비재하다.

그대들은 어떠한가? 가슴 속에 묻어 둔 사연이 있는가? 그렇다면 훗날 어떤 방식이든 재앙으로 그것이 그대 앞에 나타날 것이다.

28

숨어 있는 기쁨

지금 그대들이 병을 앓고 있다 던지, 장애인으로 살고 있다 던지, 주의 사람들에게 멸시와 수모를 당한다 던지, 다른 이에게 폭행을 당했다 던지, 인간사에서 일어나는 여러 상황으로 자신이 불이익을 당했을 때 그대들은 괴로움을 느낀다. 깊이 들여다 보면 그곳에는 괴로움만이 존재하는 것이 아니다. 좋은 일이고, 기쁜 일이 그 속에 숨겨져 있다.

비유를 들어보자면 그대가 알뜰살뜰 소비지출을 아껴서 적금을 들었는데 만기가 되어 적금을 탔다 하자. 좋은 일인가 괴로운 일인가? 기쁜 일일 것이다.

이와 같이 지금 내가 받고 있는 여러 상황들은 전생의 인과응보로써 반드시 받아야만 소멸하는 것이다. 전생에 잘못한 빚이 소멸되고 있는데 왜 괴로워만 하는가?

여기 다른 상황이 있다

어떤 사람들 의사, 판사·검사와 많은 재물이 있는 재력가로써 부와 명예를 다 가지고 부족함 없이 산다고 하자.

이 사람은 전생에 지어놓은 복으로 현세에 만족함을 누리며 살고 있지만 복이 모두 소멸되고 나면 앞에 설명한 사람과 입장이 바뀔 것이다.

그러나 복을 누리고 산다고 마냥 좋아할 일 만은 아니다. 가진 것을 모두 쓰고 나면 언젠가는 빈털터리가 될 것이기 때문이다. 이와 같이 인간사의 모든 상황은 인과응보 법으로 돌아가고 있다.

인과응보 법을 이해하고 받아들이면 참아서 병이 생기거나 재앙이 되는 상황은 만들어지지 않는다. 모든 상황을 수용하고 받아들이는 그곳에는 복전만이 잉태된다.

인욕은 이해와 성찰과 통찰의 차원에 있다.

29

날마다 좋은 날이 되기 위해

　자신을 들여다보는 여러 가지 방법이 있는데 그중 수식
관[1]을 함으로써 깨어있는 의식의 기초를 닦는데 으뜸으로
본다.

　팔정도의 정념과 육바라밀의 정진이라 말할 수 있다.

---

1 수식관(數息觀) : 오정심관(五停心觀)의 하나. 산란한 마음을 집중시키기
　위해 들숨과 날숨을 헤아리는 수행법.
　수식문(數息門) : 육묘문(六妙門)의 하나. 들숨과 날숨을 헤아리면서 마음
　을 평온하게 하는 수행법.
　수식문(隨息門) : 육묘문(六妙門)의 하나. 들숨과 날숨에 집중하여 마음을
　평온하게 하는 수행법.

조용한 곳에 방석을 한 장 깔고 한 장은 반으로 접어 엉덩이 부위에 놓는다.

그리고 반가좌부를 한다. 왼쪽다리를 오른쪽 넓적다리 위에 두고 옷의 띠를 풀어 느슨하게 하고 왼손을 오른손과 겹쳐서 가지런히 두며 몸 가까이 끌어당겨 중심에 두어 편안하게 하는 것이다.

다음에는 몸을 바로 잡아야 하는 것이니, 먼저 그 몸과 팔다리의 마디를 요동시켜 여러 번 반복함으로써 스스로 안마하는 법과 같이 하여 수족을 어긋나지 않게 하며, 몸을 바르게 하여 단정하고 똑바르게 하여 어깨의 뼈가 서로 대하게 하여 구부러지게 하지도 말고 솟게 하지도 말아야 한다.

다음에 머리와 목을 바르게 하는 것이니, 코가 배꼽과 서로 대하게 하여 기울지도 삐딱하지도 않게 하여 위로 올라가지도 아래로 내려가지도 않게 하여 평면으로 바르게 머물게 하는 것이다.

문 밖이나 담 넘어 여러 소음이 들리면 헤드폰을 끼고 하는 방법도 무방하다.

눈을 지그시 감고 의식을 코에 집중하고 숨을 쉬며 숨이 나가고 들어오는 것을 관찰한다. 숨을 들이쉬고 내쉬면서 숫자를 센다.

　한 번 들이쉬고 내쉬면서 하나
　두 번 들이쉬고 내쉬면서 둘
　열 번을 들이쉬고 내쉬면서 열
　열 한 번째는 다시 하나로 돌아간다.

　숫자 세기를 반복하다 문득 망상이 일어나 망상을 쫓다
보면 숫자 세는 것을 잃어버리거나 코에 집중하던 의식이
망상을 따라 다닌다.
　다시 정신을 가다듬고 숫자를 센다.
　그러다 보면 몸 여기저기에서 가려움도 느끼고 같은 자
세로 긴 시간을 앉아 있으면 아픔을 느끼기도 한다.
　이때 가려움을 느끼면 무의식적으로 긁지 말고 가려운
곳에 의식을 주시하며 가려움, 가려움, 가려움 하며 가려운
곳을 관찰한다.
　아픔을 느낄 때도 마찬가지다.
　그러다 보면 가려움이 서서히 없어진다.
　다시 코에 집중을 하고 숫자를 센다.
　혹 가려움이나 아픈 곳이 사라지지 않는다면 의식을 가

려운 곳에 집중하고 천천히 가려운 곳을 긁어준다. 가려운 곳을 긁으니 시원함을 느낄 것이다.

시원함을 느낄 때 시원한 곳을 주시하며 시원함, 시원함, 시원함 하며 시원함을 집중하고 느껴라.

다시 코에 집중하고 숫자를 센다.

이제 사념이 찾아든다.

수식관은 잊어버리고 사념의 장막에 물들어 간다. 사념이 이끄는 곳으로 하염없이 이끌려가다 순간 수식관을 떠올린다.

또 다시 수식관에 집중한다.

이와 같은 현상이 수없이 반복된다.

몸의 일어나는 여러 상황을 면밀하게 관찰하므로 사념이 일어남을 빨리 볼 수 있다.

사념은 생각이 일어났다는 걸 알아차리는 순간 사념의 진행이 멈추게 된다.

이와 같이 수식관을 오래 하다 보면 사념이 일어나 한참을 진행한 후에 알아차리다가 점차 사념의 진행이 짧아짐을 알 수 있고 수행이 무르익으면 사념의 머리를 볼 수 있다.

명상을 하고 있지 않아도 사념을 움직임을 알 수 있다.

이때부터는 수식관을 더 이상 필요치 않다.

강을 건넜으니 배는 필요하지 않다.

그대들이 보고 있는 사념의 의식은 다겁생 동안 이어져 오는 습관된 의식이다.

이 습관된 의식에 물들지 않고 제어하고 통제할 수 있는 힘을 길러야 한다.

다겁생 동안 훈련된 습관을 통제하기란 매우 어렵다.

마음자리를 보고 견성했다 해도 습관을 완전히 떨어지진 않는다.

이 시기가 되면 어두웠던 암흑의 장막이 걷히고 밝은 곳으로 나아가는 시기인데 더 밝은 곳으로 가기 위해서는 바른행으로 치열하고 분주했던 삶을 탐욕과 거짓된 삶을 더럽고 어리석은 삶을 넘어 순결하고 지혜로운 생활을 해야 한다.

지구상에 순결한 삶을 살고 있는 생명체는 무수히 많다.

인간 외에 다른 생명체가 그들이다.

그들의 의식은 단순하고 순순하다.

우리 주위에 있는 여러 동물들을 나는 단순한 동물로만 인식하지 않는다. 선사 어록에 이런 글이 있다.

"제자가 스승에게 묻기를 수행을 어떻게 해야 합니까?"

하고 물으니 스승이 대답하길 "배고프면 먹고, 졸리면 잠 자라!"고 했다. 갓난아이는 동물들의 본능적 의식이다.

사자가 먹이를 먹기 위해 다른 동물을 잡아먹기도 하지 만 사자는 다른 동물을 죽이려는 의도를 갖고 있지 않다. 갓난아이가 엄마 젖을 먹듯이 사자는 먹을 것을 먹을 뿐이 다. 그들은 순결한 의식에 살고 있다.

동물들 대부분은 이와 같은 의식을 갖고 있으며 그들을 보는 수행자들은 선지식으로 인지하기도 한다.

근기에 따라 수행이 잘 되기도 하고 잘 안되기도 한다. 잘되지 않는 사람은 타인을 위한 행위를 힘닿는 만큼 선행 을 함으로써 그 선행이 복전이 되어 사념의 어두움을 극복 할 수 있는 방편을 수확할 수 있기 때문이다.

복중에 가장 큰 복은 도를 이루는 것이다. 이 복은 재물 로 얻어지는 것이 아니다.

마음의 평화를 얻어 모든 괴로움에서 벗어 날 수 있는 복 을 얻기 위해서는 모든 곳에 있는 여러 선행을 자기 능력에 따라 게을리 함이 없이 행해졌을 때 비로소 찾아온다.

그대들이 수식관으로써 사념이 일어나는 것을 보고 알아 차림으로써 사념이 사라지는 것을 경험했다면 이제부터는 집중하는 곳을 코끝이 아닌 눈 안쪽을 향해 의식을 모아 명상을 하도록 하자.

  수식관은 초심자들이 사념을 볼 수 있는 방법으로는 경험상 빨리 익힐 수 있는 방법이기에 그대들에게 선 보였다. 이제 『능엄경』[2]의 이근원통을 수행해 보도록 하자.

  이근원통은 반야심경[3]에 관자제보살이 깊은 반야바라밀다를 행할 때 오온[4]이 공한 것을 비추어 보고 '온갖 고통에

---

2 『능엄경(楞嚴經)』 : 본이름은 『대불정여래밀인수증요의제보살만행수능엄경(大佛頂如來密因修證了義諸菩薩萬行首楞嚴經)』. 10권. 당(唐)의 반자밀제(般刺蜜帝) 번역. 마음은 어디에 있는가에 대한 세존과 아난(阿難)의 문답으로 시작하여 깨달음의 본성과 그 깨달음으로 나아가는 과정을 설하고 여래장(如來藏)이 무엇인가를 밝힘. 깨달음으로 들어가는 가장 쉬운 방법은 관음신앙이라 하고 능엄다라니(楞嚴陀羅尼)를 설한 다음, 보살의 수행 단계, 중생이 수행하는 과정에 일어나는 여러 가지 번뇌에 대해 그 원인과 종류를 밝힘.

3 반야심경(般若心經) : 수 백 년에 걸쳐서 편찬된 반야경전의 중심 사상을 270자로 함축시켜 서술한 경으로 불교의 모든 경전 중 가장 짧은 것에 속하며 한국불교의 모든 의식 때 반드시 독송되고 있음. 반야심경의 중심 사상은 공(空)임.

4 오온(五蘊, pañca-skandha, pañca-khandha) : 온(蘊)은 모임·집합·더미를 뜻함. 중생의 다섯 가지 의식 작용. ① 색온(色蘊,rūpa-skandha) : 분별과 관념으로 대상에 채색하는 의식 작용. 인식 주관의 망념으로 조작한 대상의 차별성. 가치나 감정을 부여하여 차별한 대당의 특색 ② 수온(受蘊, vedanā-skandha) : 괴로움이나 즐거움 등을 느끼는 감수 작용 ③ 상온(想蘊, saṃjñā-skandha) : 대상에 이름을 부여하고, 다양한 개념을 지어내는 의식 작용 ④ 행온(行蘊, saṃskāra-skandha) : 의도(意圖)하고 지향하는 의식 작용. 의지력. 충동력. 의욕 ⑤ 식온(識蘊, vijñāna-skandha) : 식별하고 판단하는 의식 작용. 인식 작용.

서 건너느니라!'고 했는데, 여기서 깊은 반야바라밀다 수행법이 이근원통 수행법이다.

　팔정도에 바른 마음 집중 "정정"도 이근원통 수행에 머무는 것이고 육바라밀에 선정에 드는 것도 이근원통으로 선정에 드는 것이다. 그대들이 모든 것이 인과응보 법인 것을 믿고 그대들 주의에서 일어나는 모든 일들이 자신의 탓으로 인정하고 사념의 장막에 동요나 동화되지 않는 삶을 살 수만 있다면 비록 전생의 업보에 의해 육신을 받을 몸으로 살아가지만 더 이상 업보를 짓지 않고 살아갈 수 있는 토대가 만들어져 이생에 도를 이루지 못 하더라도 앞으로의 윤회는 수행자의 몸으로 항상 이어질 것이며 용맹정진하는 정도에 따라 빠른 시대에 불도를 이룰 것이다.

　왜 그런가? 그대들은 어떤 난처한 상황에서도 스스로 일어나는 사념을 보고 사념에 물들지 않고 사념을 제어하고 통제할 수 있는 경지에 이르렀다. 모든 상황에 악업을 짓지 않고 선업을 질 수 있는 상근기의 의식을 소유하고 다시 태어나기 때문이다.

　그대가 이생에 상근기의 의식으로 생을 마감하게 되면 행에 따라 천상에 태어나 그대 가족과 함께 복락을 누리다가 다음생에 사람의 몸을 받아 태어날 때 상근기의 의식을 소유한 몸을 다시 받아 다음 단계의 수행을 이어 가게 된다. 왜 그런가하면 오늘 숙제를 반을 마쳤으니 다음날 나머지 숙제를 마치면 되기 때문이다. 어째서 가족과 함께 천상에서 복을 누리는가? 천상은 어느 것 하나 부족함이 없고 항상 기쁘고 즐거움을 누리는 곳이다.

그대가 이 공부를 하면 수행의 이로움을 알기에 하는 것이다.

그대 주변에 있는 가족에게도 이 공부를 전수했을 것이고 그로 인해 그대의 가족들도 상근기의 의식에 이르렀을 것이다.

천상은 항상 즐거움과 기쁨만이 있는 곳이기에 그대가 그대 가족들을 천상에서 다시 만난다면 이 어찌 기쁘지 않겠는가? 바꿔 말하면 지옥에서도 내 가족을 알아볼 수 있다. 지옥세계는 고통만이 존재하는 곳이다.

그 세계에서 가족을 만나면 그 또한 고통일 것이기에 천상이나 지옥경에서는 가족을 알아볼 것이다. 그대들이 수행을 통해 과거에 행해졌던 여러 행위 중 타인에게 행했던 악한 행위와 악한 말들이 이따금 다시 기억되고 중근기, 하근기 시절에 행했던 여러 형태의 행위에 대해 후회하고 불편한 이미지로 그대들이 아픔을 느끼고 있다면 악한 행위를 청산할 수 있는 의식을 갖추는 것이며 상근기의 의식으로 자신을 만들어 가고 있는 것이다.

왜 그런가?

과거의 잘못을 회상하며 잘못된 행임을 알았고 후회와 반성을 통해 그것과 흡사한 상황을 접했을 때 과거에 행했던 방식으로 그 상황을 해결하지 않기 때문이다.

그대는 깨어 있으려고 노력을 할 것이고 사념이 그대를 찾아와도 그대는 동요하지 않고 사념을 지켜보고 있을 것이며 팔정도의 정견, 정시유, 정어, 정업, 정명, 정전진, 정념, 정정의 의식을 통해 이기심과 욕구가 사라져가는 생활을 하고 있기 때문이다. 하근기의 사람들은 이와 같이 생각을 하지 않는다.

그들은 상대가 자신에게 불편하게 했던 일들을 떠올리며 그들에게 보복할 생각만 하며 살고 있다.

하근기의 의식소유자들에게는 자신들의 이익과 기쁨만을 추구하며 살고 있기 때문이다. 혹 타 종교인이 이 책을 보더라도 종교를 바꿀 필요는 없다.

마음을 들여다보고 고통을 없애는 방법만 알아 가면 될 것이다.

30

능엄경 수도분

능엄경 수도분에서 문수보살[1]이 말씀하시길 "제가 지금 부처님께 아뢰옵니다. 부처님께서 이곳 사바세계에 오시어 여기에서 설하신 진실한 가르침의 실체는 청정하게 소리를 듣는데 있습니다. 그러므로 만약 삼마제[2]를 닦아 얻

---

1 문수사리보살(文殊師利菩薩) : 문수사리(文殊師利, mañjuśri)는 묘길상(妙吉祥)·묘덕(妙德)·유수(濡首)라 번역. 석가모니불을 왼쪽에서 보좌하는 보살로, 부처의 지혜를 상징함.

2 삼매(三昧) : ⑤samādhi의 음사. 정(定)·등지(等持)라고 번역. 마음을 한 곳에 집중하여 산란하지 않는 상태. 한 생각에만 한결 같이 집중하는 상태. 마음이 들뜨거나 침울하지 않고 한결같이 평온한 상태. 마음을 집중·통일시키는 수행, 또는 그 수행으로 이르게 된 편온한 마음 상태.

으려 한다면 이문의 수행으로 들어가는 것이 좋겠습니다. 고통에서 벗어나 해탈을 얻게 하니 훌륭합니다. 관세음이여! 항사겁을 통하여 미진국에 들어가 대자제력을 얻고 무외[3]를 베풀어 묘음과 관세음[4]과 범음[5]과 해조음[6]으로 세상을 구제하여 편안케 하며 세상을 벗어나 상주를 얻게 하나이다."

제가 이제 부처님께 아뢰옵니다.

관음도 설명했지만, 이는 마치 사람들이 조용히 쉬고 있을 때에 시방에서 한꺼번에 북을 치면 열 곳의 소리를 일시에 듣는 것과 같은 것이니 이것이 원진실입니다.

눈은 담장 밖의 것을 보지 못하고, 입과 코도 다시 그러하며 몸은 접촉하는 대상이 합해야 앎이 생기고 마음과

---

3 무외(無畏) : ① Ⓢvaiśāradya 자신감을 가지고 가르침을 설하므로 누구에게도 두려움이 없음. 진리에 대한 확신으로 어떠한 장애도 두려움이 없음 ② Ⓢāśvāsa 번뇌의 속박에서 벗어나 두려움도 불안도 없는 평온한 마음 상태 ③ ⇒ 정오(丁午).

4 관세음보살(觀世音菩薩) : 관세음(觀世音)은 Ⓢavalokiteśvara의 번역, 보살(菩薩)은 Ⓢbodhi-sattva의 음사인 보리살타(菩提薩埵)의 준말. 세간의 중생이 갖가지 괴로움을 받을 때 그의 이름을 부르면 그 음성을 듣고 대비와 지혜로써 자유자재로 중생을 괴로움에서 벗어나게 해 준다는 보살.

5 범음(梵音) : ① 범천(梵天)의 음성 ② 부처의 맑은 음성. 부처의 설법 ③ 범패(梵唄)와 같음.

6 해조음(海潮音) : 파도가 강변에 밀려오는 소리. 밀려오는 파도 속에 자갈이 같이 밀려오면서 자갈이 부딪치는 소리를 말함.

생각은 분장하여 단서가 없는 것이지만, 이 근은 담장에 막혀도 음향을 듣고 멀거나 가깝거나 모두 들을 수 있어 앞의 오근[7]과는 같지 아니 하니 이것이 통진실입니다.

소리의 성품은 움직이기로 하고 고요하기도 해서 듣는 가운데 있기도 하고 없기도 합니다.

소리가 없을 때 들음도 없다고 말하나 참으로 듣는 성품이 없어진 것이 아니며 소리가 있어서 생긴 것이 아닙니다.

이와 같이 생멸의 두 가지를 다 여의였으니 이것이 곧 상진실 입니다.

대중들이여 아난[8]이여! 그대들의 전도된 들음은 돌이켜 듣는 성품을 듣는다면, 그 성품은 바로 최상의 도를 이루게 될 것이니 원통의 진실이 이와 같은 것이다.

---

7 오근(五根) : 눈, 귀, 코, 입, 몸을 말함.
8 아난(阿難) : Ⓢananda의 음사. 환희(歡喜)라 번역. 십대제자(十大弟子)의 하나. 붓다의 사촌 동생으로, 붓다가 깨달음을 성취한 후 고향에 왔을 때 난타(難陀)·아나율(阿那律) 등과 함께 출가함. 붓다의 나이 50여 세에 시자(侍者)로 추천되어 붓다가 입멸할 때까지 보좌하면서 가장 많은 설법을 들어서 다문제일(多聞第一)이라 일컫음. 붓다에게 여성의 출가를 세 번이나 간청하여 허락을 받음. 붓다가 입멸한 직후, 왕사성(王舍城) 밖의 칠엽굴(七葉窟)에서 행한 제1차 집결(集結) 때 아난의 기억을 더듬어 가며 "이렇게 나는 들었다. 어느 때 부처님께서는 …"이라는 말을 시작으로 암송하면, 여러 비구들은 아난의 기억이 맞는 지를 확인하여 잘못이 있으면 정정한 후 모두 함께 암송함으로써 경장(經藏)이 결집됨.

> 부처님께서 아난을 앞에 불러놓고 대종을 치고는 "이
> 종소리가 들리느냐? 무엇으로 듣느냐? 귀를 통해서 너의
> 몸속으로 종소리가 들어갔는데 지금도 종소리가 나느냐?
> 만일 그 종소리가 있다면 너의 몸속에 어느 곳에 있느냐?
> 그렇지 않으면 그 종소리가 흩어져서 어느 곳으로 사
> 라지느냐?"
>
> 『능엄경』 수도분

이와 같이 다방면으로 종소리를 따라 그 소리를 찾아 들어가 종소리가 없어진 곳에서 선정에 들어가는 것이 문, 사, 수[9] 이근원통 수행 방법이다.

이와 같이 듣는 주체를 사량하는 수행법이다. 귀로 소리가 들어와 고막을 거쳐 달팽이관에서 대뇌로 전달되고 그 곳에서 소리는 사라진다.

귀와 귀사이의 중앙에 의식을 집중하여 사념이 일어나면 알아차리고 사념이 사라지면 또 다시 의식을 집중하고 바깥에서 소리가 들리면 알아차리고 또다시 의식을 집중하고

---

9 마음을 들여다보고 고통을 없애는 방법만 알아 가면 될 것임.

신체에 느낌이 일어나면 다시 알아차리고 또 다시 의식을 집중하는 것이다.

사념은 알아차리는 순간 진행을 멈춘다. 사념과 사념의 사이에 간격이 있다.

비어 있는 이 간격 사이로 여러 곳에서 한꺼번에 치는 북소리가 들릴 것이다.

끊어짐 없는 일정한 소리가 계속 이어진다. 이 소리는 외부에서 나는 소리가 아니고 비어 있는 공간에서만 들리는 우주의 소리 비어 있는 하늘의 소리이다.

이와 같은 소리를 경험했다면 의식을 소리가 일어나는 그곳에 집중하면 된다.

그대들은 무념을 경험하고 있는 것이다.

사념이 들어오면 북소리는 사라진다.

그러나 수행은 오랜 시간을 하다 보면 의식을 나누어 쓸 수 있는 곳에 이른다.

북소리로 북소리대로 듣고 생각은 생각대로 계속 이어진다. 의식 조율이 가능하게 된다.

전체적인 북소리는 분위기가 되어 계속 진동을 하고 타인과 대화를 하거나 TV를 시청해도 북소리는 항상 존재하게 된다.

그대들도 머지않아 무대 위에서 연기하는 연기자의 모습이 아닌 연기자의 모든 행위인 사념을 지켜보고 있는 관람자의 모습으로 사념의 의식에 동화되지 않은 자신의 모습을 보게 될 것이다.

과거에 연기자였던 자신의 의식을 모두 들여다본다.

갈애 갈구 욕구 욕망은 인간의 본성인 만큼 끊임없이 의식 속에 표출되지만 동조하는 자가 없으면 차츰 회수가 잦아든다.

본성을 보고 견성[10]을 했다고 사념이 완전히 사라지는 것은 아니라 이따금 입력되었던 영상이 머릿속을 스쳐간다.

파노라마 영상처럼 사념은 일어나지만 그곳에 나는 없음을 경험하게 될 것이다.

이제 그대는 그대 자신을 신뢰할 것이다.

그대는 그대가 찾고 있던 보물이 그대 안에 있음을 알게 되었다.

그대의 노력으로 움트고 있던 보물의 싹이 피어나기 시작했다.

---

10 견성(見性) : 자신이 본래 갖추고 있는 부처의 성품을 꿰뚫어 보아 깨달음. 미혹을 깨뜨리고 자신의 청정한 본성을 간파하여 깨달음.

그대는 이제 에고를 선택하지 않으므로 더 이상 그대에 겐 에고가 실재하지 않는다.

에고는 동일시할 때만 그 존재가 드러나기 때문이다. 그대는 순수한 주시자로 남아 왜곡된 사념의 흐름을 볼 것이다.

그리고 사념으로부터 자유를 얻었다.

그대는 무언가에 쫓기듯 살아왔다.

그대 자신의 어리석음을 알았고 그 앎으로 인해 그대는 자유를 얻었다.

정제되지 않은 삶은 언제나 괴로움이 수반된다.

마음은 항상 그대를 속여 왔다.

그대는 강렬한 주시로 사념을 지켜보고 사념에 점유되지 않는 자유 속에 있다.

이제 그대는 참을 필요가 없다.

모든 것이 허구이고 에고의 부산물임을 알았다.

에고와 동일시되지 않는 법을 알았고 순수한 주시자로 머물러 있다.

이따금 타인과 마주할 때 격한 감정이 밀려온다. 그러나 그 감정은 그대의 것이 아니다. 상대의 감정이 그대의 빈 공간으로 들어온 것이다.

타인의 감정이 그대의 비어있는 곳으로 들어와 그대의 의식을 흩으려 놓으려 한다.

그대가 깨어있는 주시자로 머물러 있을 때 그 감정은 진행을 멈추게 된다.

그대가 느꼈던 감정들은 그대 주의에 있는 타인의 감정인 것이다.

비로소 그대는 어느 곳에서 머물러 있든 그곳은 언제나 안락한 곳이 될 것이다.

나를 괴롭게 했던 건 밖에서 오지 않는다.

나를 괴롭혔던 건 나 자신이었다.

나로부터 나는 자유를 얻었으므로 나는 진정한 자유인이다.

이 책을 보고 명상 수행을 해 봤는데도 자살 충동을 일으키는 사람들은 내게로 오라! 내 그대들 모두를 살릴 것이다.

31

어리석은 사람에서 지혜로운 사람으로 가는 부처님의 가르침

이와 같이 들었다.

어느 때 부처님께서는 사위국 기수급고독원에 계셨다.

그때 부처님께서 모든 비구들에게 말씀하셨다.

"삿된 소견을 가진 무리에 속한 사람은 어떤 얼굴과 어떤 모양을 가지는가?"

비구들이 세존께 아뢰었다.

"부처님께서는 모든 법의 왕이요. 모든 법의 어른이십니다. 훌륭하십니다. 부처님이시여, 모든 비구들을 위해 그 뜻을 말씀해 주소서. 저희들은 그 말씀을 듣고 나서 받들어 행하겠습니다."

부처님께서 말씀하셨다.

"너희들은 잘 사유하고 기억하라. 내 너희들을 위해 그 뜻을 해설하리라."

모든 비구들이 대답하였다.

"그렇게 하겠습니다. 부처님이시여."

비구들은 부처님의 가르침을 듣고 있었다. 부처님께서 말씀하셨다.

"삿된 무리에 속한 사람은 다섯 가지 일을 보면 알 수 있다. 다섯 가지가 보이면 곧 그 사람은 삿된 무리에 머물고 있음을 알 수 있느니라.

어떤 것이 그 다섯 가지인가? 웃어야 할 때에 웃지 않는 것, 기뻐해야 할 때에 기뻐하지 않는 것, 사랑하는 마음을 내야 할 때에 사랑하는 마음을 내지 않는 것, 나쁜 짓을 하고도 부끄러워하지 않는 것, 좋은 말을 들어도 마음에 두지 않는 것이다. 이런 사람은 반드시 삿된 무리에 머무는 사람임을 알아야 한다. 삿된 무리에 머무르는 사람은 이 다섯 가지 일로 알 수 있느니라.

또 바른 무리에 머무르는 사람은 어떤 모양과 어떤 인연을 가지고 있는가?"

모든 비구들이 부처님께 아뢰었다.

"여래께서는 모든 법의 왕이요. 모든 법의 어른이십니다. 원컨대 세존께서는 비구들을 위해 그 뜻을 말씀하여 주소서. 저희들은 말씀을 듣고 나서 받들어 행하겠습니다."

세존께서 말씀하셨다.

"너희들은 잘 사유하고 기억하라. 내 너희들을 위해 그 뜻을 해설하리라."

모든 비구들이 대답하였다.

"그렇게 하겠습니다. 부처님이시여."

그때 모든 비구들은 부처님의 가르침을 듣고 있었다. 부처님께서 말씀하셨다.

"바른 무리에 속한 사람도 다섯 가지 일로 알 수 있다. 다섯 가지가 보이면 그 사람은 바른 무리에 머물고 있는 사람임을 알 수 있느니라.

어떤 것이 그 다섯 가지인가? 웃어야 할 때에 웃는 것. 기뻐해야 할 때에 기뻐하는 것. 사랑하는 마음을 내야 할 때에 사랑하는 마음을 내는 것, 부끄러워해야 할 때에 부끄러워하는 것, 좋은 말을 들으면 마음에 두는 것이다. 이런 사람은 바른 무리에 머물고 있는 사람임을 알아야 하느니라.

그러므로 모든 비구들아, 너희들은 마땅히 삿된 무리를

버리고 바른 무리에 머물도록 해야 한다. 모든 비구들아, 마땅히 이와 같이 배워야 하느니라."

그때 모든 비구들은 부처님의 말씀을 듣고 기뻐하며 받들어 행하였다.

이와 같이 들었다.

어느 때 부처님께서는 사위국 기수급고독원에 계셨다.

그때 부처님께서 모든 비구들에게 말씀하셨다.

"병에 걸린 사람이 이 다섯 가지 법을 성취하면 그 병은 조금도 차도가 없고 항상 병상(病床)에 있게 된다. 어떤 것이 그 다섯 가지 법인가? 병든 사람이 음식을 가리지 않는 것, 때를 맞추어 먹지 않는 것, 의약(醫藥)을 가까이 하지 않는 것, 근심과 기쁨과 성냄이 많은 것, 간호하는 사람에게 사랑하는 마음을 일으키지 않는 것이다. 비구들아, 이것을 일러 '병에 걸린 사람이 다섯 가지 법을 성취하면 그 병이 조금도 차도가 없다'고 한다.

또 병에 걸린 사람이 다섯 가지 법을 성취하면 병이 곧 낫게 된다. 어떤 것이 그 다섯 가지 법인가? 병이 든 사람이 음식을 가려서 먹는 것, 때를 맞추어 먹는 것, 의약을 가까이하는 것, 근심을 가지지 않는 것, 간호하는 사람들에게 모두 사랑하는 마음을 가지는 것이다. 비구들아, 이것을 일러 '병에 걸린 사람이 다섯 가지 법을 성취하면 병이 곧 낫는다.'고 한다.

이와 같으니 비구들아, 너희들은 앞의 다섯 가지 법은 항상 기억하여 마땅히 버려야 할 것이요. 뒤의 다섯 가지 법은 반드시 받들어 실천하도록 해야 하느니라. 비구들아, 마땅히 이와 같이 배워야 하느니라."

그때 모든 비구들은 부처님의 말씀을 듣고 기뻐하며 받들어 행하였다.

이와 같이 들었다.

어느 때 부처님께서는 사위국 기수급고독원에 계셨다.

그때 부처님께서 모든 비구들에게 말씀하셨다.

"세 가지 큰 병이 있다. 어떤 것이 그 세 가지인가? 즉 풍(風)이 큰 병이요, 담(痰)이 큰 병이며, 냉(冷)이 큰 병이다. 비구들아, 이것을 세 가지 큰 병이라고 말하느니라.

그러나 또 이 세 가지 큰 병에는 세 가지 좋은 약[良藥]이 있다. 어떤 것이 그 세 가지인가? 만일 풍병에는 소(酥)가 좋은 약이 되나니, 소로써 밥을 지어 주고, 또 담병에는 꿀이 좋은 약이 되나니 꿀로 밥을 지어 주며, 또 냉병에는 기름이 좋은 약이 되나니 꿀로 밥을 지어 주며, 또 냉병에는 기름이 좋은 약이 되니 기름으로 밥을 지어 주어야 한다. 비구들아, 이것을 '세 가지 큰 병에 세 가지 좋은 약이 있다' 말하는 것이니라.

이와 같이 비구들아, 또 세 가지 큰 병이 있다. 어떤 것이 그 세 가지인가? 탐욕(貪欲)·성냄(瞋恚)·어리석음(愚癡)를 이르는 말이니, 비구들아, 이것이 세 가지 큰 병이니라.

그러나 이 세 가지 큰 병에도 또 세 가지 좋은 약이 있다. 어떤 것이 그 세 가지 약인가? 만일 탐욕이 일어날 때에는 부정관(不淨觀)을 가지고 가서 다스려 부정도(不淨道)를 사유하게 하고, 성냄의 큰 병에 걸린 사람에게는 자애로운 마음을 가지고 가서 다스려 자애로운 마음의 도를 사유하게 하며, 어리석음이라는 큰 병에 걸린 사람에게는 지혜를 가지고 가서 다스려 인연으로 일어나는 도를 사유하게 해야 한다. 비구들아, 이것을 일러 '세 가지 큰 병에는 세 가지 좋은 약이 있다'고 말한 것이다.

그런 까닭에 비구들아, 너희들은 마땅히 방편을 써서 이 세 가지 약을 찾아야 한다. 이와 같으니 비구들아, 마땅히 이와 같이 배워야 한다."

그때 모든 비구들은 부처님의 말씀을 듣고 기뻐하며 받들어 행하였다.

32

몸과 입과 뜻으로 짓는 행

이와 같이 들었다.

어느 때 부처님께서는 사위국 기수급고독원에 계셨다. 그때 부처님께서 모든 비구들에게 말씀하셨다.

"세 가지 나쁜 행[三惡行]이 있다. 어떤 것이 그 세 가지인가? 몸으로 짓는 나쁜 행과 입으로 짓는 나쁜 행과 뜻으로 짓는 나쁜 행을 말한다. 비구들아, 이것을 일러 세 가지 나쁜 행이라고 하느니라.

그러므로 꼭 방편을 구해 세 가지 착한 행을 닦아야 한다. 어떤 것이 그 세 가지인가? 몸으로 짓는 나쁜 행을 한 이는 몸으로 짓는 착한 행을 닦아야 하고, 입으로 짓

는 나쁜 행을 한 이는 몸으로 짓는 착한 행을 닦아야 하
며, 뜻으로 짓는 나쁜 행을 한 이는 뜻으로 짓는 착한 행
을 닦아야 하느니라."

이때 부처님께서 곧 이런 게송을 말씀하셨다.

몸으로 짓는 나쁜 행을 잘 단속하고
몸으로 짓는 착한 행을 닦아 익혀라.
몸으로 짓는 나쁜 행 버리기를 생각하고
몸으로 짓는 착한 행을 꼭 배워야 한다.

입으로 짓는 나쁜 행을 잘 단속하고
입으로 짓는 착한 행을 닦아 익혀라.
입으로 짓는 나쁜 행 버리기를 생각하고
입으로 짓는 착한 행을 꼭 배워야 한다.

뜻으로 짓는 나쁜 행을 잘 단속하고
뜻으로 짓는 착한 행을 닦아 익혀라.
뜻으로 짓는 나쁜 행 버리기를 생각하고
뜻으로 짓는 착한 행을 꼭 배워야 한다.

그 몸으로 짓는 행이 만일 착하면

입으로 짓는 행도 또한 만일 착하면
모든 것도 또한 그러하리라.

그 입과 뜻을 단속해 청정해지면
그 몸도 나쁜 행 짓지 않으니
이 세 가지 행이 깨끗해지면
무위의 신선 경지에 이를 것이다.

"이와 같으니, 모든 비구들아, 너희들은 꼭 세 가지 나쁜 행을 버리고 세 가지 착한 행을 닦아야 한다. 이와 같으니 비구들아, 마땅히 이와 같이 배워야 한다."

이와 같이 들었다.

어느 때 부처님께서는 사위국 기수급고독원에 계셨다.

그때 부처님께서 모든 비구들에게 말씀하셨다.

"어리석은 사람에게는 세 가지 모양과 세 가지 법이 있는데, 믿고 의지할 만한 것이 아니다. 어떤 것이 그 세 가지인가? 어리석은 사람은 사유할 만한 것이 아닌 것을 사유하고, 논란하여 말할 만한 것이 아닌 것을 논하며 말하며 행해서는 안 될 것을 닦아 익힌다.

어떤 것이 어리석은 사람이 사유할 만한 것이 아닌 것

을 사유하는 것인가? 어리석은 사람은 마음의 세 가지 행을 곧 생각하고 기억한다. 어떤 것이 그 세 가지인가? 어리석은 사람은 남의 재물과 남의 여자에 대해 질투하는 마음을 일으키고, 나쁜 망릉 기억해서 미워하는 마음을 일으켜서 '저들이 가지고 있는 것들을 모두 나에게 허용되기를 원한다'고 말한다. 이와 같이 어리석은 사람은 사유할 만한 것이 아닌 것을 사유하느니라.

어떤 것이 어리석은 사람이 논란하여 말할 만한 것이 아닌 것을 논하는 것인가? 어리석은 사람은 입으로 네 가지 허물을 짓는다. 어떤 것이 그 네 가지인가? 어리석은 사람은 항상 거짓말과 꾸밈말과 악한 말과 사람들을 다투게 하는 말을 하기 좋아한다. 이와 같이 어리석은 사람은 입으로 네 가지 허물을 짓느니라.

어떤 것이 어리석은 사람이 악한 짓을 행하는 것인가? 어리석은 사람은 몸으로 악한 짓을 하면서 언제나 살생(殺生)·도둑질(竊盜)·음행(淫泆)을 늘 생각한다. 이와 같이 어리석은 사람은 악한 짓을 행하느니라.

이와 같으니 비구들아, 어리석은 사람에게는 이러한 세 가지 행이 있고, 어리석은 사람은 이러한 세 가지 일을 익히느니라.

또 비구들아, 지혜로운 이에게도 세 가지 일이 있으니,

항상 생각하고 닦아 실천해야 한다. 어떤 것이 그 세 가지인가? 지혜로운 사람은 꼭 사유해야 할 것을 곧 사유하고, 꼭 논하여 말해야 할 것을 곧 논하여 말하며, 꼭 행해야 할 착한 일을 곧 닦고 실천한다.

어떤 것이 지혜로운 사람이 꼭 사유해야 할 것을 곧 사유하는 것인가? 지혜로운 사람은 마음의 세 가지 행을 생각한다. 어떤 것이 그 세 가지인가? 지혜로운 사람은 질투하거나 성내거나 어리석지 않고, 항상 바른 소견을 행하여 남의 재물을 보고도 욕심을 내지 않는다. 이와 같이 지혜로운 사람은 꼭 생각해야 할 것만을 곧 생각하느니라.

어떤 것이 지혜로운 사람이 꼭 논해 말해야 할 것을 논하여 말하는 것인가? 지혜로운 사람은 거짓말을 하지 않고 남을 시켜서 거짓말을 하게 하지도 않으며, 남이 거짓말을 하는 것을 보면 마음으로 좋아하거나 기뻐하지 않는다. 이것을 일러 지혜로운 사람은 그 입을 보호한다고 하는 것이다. 또 지혜로운 사람은 꾸밈말·악한 말·남과 다투게 하는 말을 하지 않고, 또한 남을 시켜서 꾸밈말·악한 말·남과 싸우게 하는 말을 하게 하지도 않는다. 이와 같이 지혜로운 사람은 입으로 네 가지 행을 성취하느니라.

어떤 것이 지혜로운 사람이 몸으로 세 가지 행을 성취하는 것인가? 지혜로운 사람은 몸의 행(行)을 사유하여 범하거나 저촉되는 일이 없다. 그리하여 지혜로운 사람은 제 자신이 직접 살생하지도 않고, 남을 시켜서 살생하게 하지도 않으며, 남이 살생하는 것을 보면 마음으로 좋아하지 않는다. 제 자신이 직접 도둑질하지도 않고, 남을 시켜서도 도둑질하게 하지도 않으며, 남이 도둑질하는 것을 보면 마음으로 좋아하지 않는다. 또 음행을 하지 않아서 남의 여자를 보아도 음욕의 생각이 일어나지 않고, 또한 남을 시켜서 음행을 행하게 하지도 않는다. 그리하여 가령 늙은 여자를 보면 자기 어머니처럼 생각하고 중년 여자를 보면 누이처럼 생각하며 젊은 여자를 보면 누이동생처럼 생각하여, 마음에 차별(高下)이 없다. 이와 같이 지혜로운 사람은 몸으로 세 가지 행을 성취한다. 이것을 일러 지혜로운 사람의 소행(所行)이라고 하느니라.

이와 같이 비구들아, 이런 세 가지 유위의 모습이 있다. 그런 까닭에 모든 비구들아, 너희들은 어리석은 사람의 세 가지 행은 항상 버려 여의어야 하고 지혜로운 사람의 세 가지 소행은 잠깐이라도 그만두지 말아야 하느니라. 모든 비구들아, 마땅히 이와 같이 배워야 한다."

그때 모든 비구들은 부처님의 말씀을 듣고 기뻐하며

받들어 행하였다.

　이와 같이 들었다.

　어느 때 부처님께서는 사위국 기수급고독원에 계셨다. 그때 부처님께서 모든 비구들에게 말씀하셨다.

　"여기 세 가지 법이 있다. 그 법은 깨달아 알 수 없고 보이지도 않고 들리지도 않는다. 나고 죽음을 수없이 겪었으면서도 일찍이 본 일이 없고, 나나 너희들도 일찍이 보았거나 들은 적이 없었던 것이다. 어떤 것이 그 세 가지인가? 성현(聖賢)의 계(戒)를 이르는 말이다. 그 법은 깨달아 알 수 없고 보이거나 들리지도 않으며, 나고 죽음을 수없이 겪었으면서도 일찍이 본 일이 없고, 나나 너희들도 일찍이 보았거나 들은 적이 없었던 것이다. 또 성현의 삼매(三昧)와 성현의 지혜로도 깨달아 알 수 없고 보이거나 들리지도 않았던 것이다. 만일 지금 나나 너희들이 모두 성현의 계와 성현의 삼매와 성현의 지혜를 다 깨달아 알고, 모조리 다 성취한다면 다시는 몸을 받지 않을 것이다. 그 까닭은 아미 나고 죽는 근원을 끊었기 때문이니라. 그런 까닭에 모든 비구들아, 너희들은 마땅히 이 세 가지 법을 기억하여 닦고 실천해야 한다. 이와 같으니 모든 비구들아, 마땅히 이와 같이 배워야 한다."

그때 모든 비구들은 부처님의 말씀을 듣고 기뻐하며 받들어 행하였다.

이와 같이 들었다.

어느 때 부처님께서는 사위국 기수급고독원에 계셨다.

그때 수천만 대중들에게 앞뒤로 둘러싸여 설법하고 계셨다.

그때 강측(江側) 바라문[1]이 무거운 짐을 지고 갑자기 부처님께서 계시는 곳에 이르러 짐을 내려놓고는 잠자코 한쪽에 머물러 있었다. 그 바라문은 이렇게 생각하였다.

'오늘 사문 구담은 수천만 대중들에게 앞뒤로 빙 둘러싸여 설법을 하고 있다. 청정하기로 말하면 지금 내가 사문 구담과 별반 다를 게 없다. 왜냐하면 사문 구담은 좋은 쌀밥에 갖가지 맛있는 반찬을 드시지만 나는 과일이나 오이 따위를 먹으면서 겨우 생명을 부지하고 있기 때문이다.'

그때 부처님께서 그 바라문이 생각하고 있는 것을 아시고는 비구들에게 말씀하셨다.

---

1 팔리어로는 Sundarika-Bharadvāja라고, 또 손타라체리(孫陀羅諦利)라고 쓰기도 한다.

"지금 어떤 중생은 21결(結) 때문에 마음이 더러워져 있다. 마땅히 잘 살펴보아야 하리라. 그 사람은 좋은 곳에 태어나지 못하고 틀림없이 나쁜 세계에 떨어질 것이다. 어떤 것이 그 스물한 가지인가? 성내는 마음의 번뇌(瞋心結), 해치려는 마음의 번뇌(恚害心結), 잠을 자려는 마음의 번뇌(睡是心結), 기피하려는 것이 마음의 번뇌가 되는 것(忌爲心結), 고뇌가 마음의 번뇌가 되는 것(惱爲心結), 시기함이 마음의 번뇌가 되는 것(嫉爲心結), 미워함이 마음의 번뇌가 되는 것(憎爲心結), 스스로 부끄러워할 줄 모르는 마음의 번뇌(無慚心結), 남부끄러운 줄 모르는 마음의 번뇌(無愧心結)・허깨비가 마음의 번뇌가 되는 것(幻爲心結), 간사함이 마음의 번뇌가 되는 것(姦爲心結), 거짓이 마음의 번뇌가 되는 것(僞爲心結), 다툼이 마음의 번뇌가 되는 것(諍爲心結), 교만함이 마음의 번뇌가 되는 것(憍爲心結), 거만함이 마음의 번뇌가 되는 것(慢爲心結), 질투가 마음의 번뇌가 되는 것(妬爲心結), 증상만이 마음의 번뇌가 되는 것(增上慢爲心結), 탐욕이 마음의 번뇌가 되는 것(貪爲心結) 등이니라. 모든 비구들아, 만일 어떤 사람이 이 21결(結)이 있어 마음으로 집착한다면, 마땅히 관찰해 보아야 할 것이다. 그 사람은 틀림없이 나쁜 세계에 떨어지고 좋은 곳에 태어나지 못할 것이다.

비유하면 마치 흰 천으로 만든 새 옷이 오래되어 먼지와 때가 많이 묻게 되면, 그것은 파랑·노랑·빨강·검정 등의 물감으로 물들이려고 하여도 끝내 뜻대로 되지 못하는 것과 같다. 왜냐하면 먼지와 때가 너무 많이 묻었기 때문이다. 그와 같으니 비구들아, 만일 어떤 사람이 저 21결(結) 때문에 집착이 생기게 되면 마땅히 관찰해 보아야 할 것이다. 그 사람은 틀림없이 나쁜 세계에 떨어지고 좋은 곳에 태어나지 못할 것이다.

만일 어떤 사람이 이 21결(結)로 인해 마음에 집착하는 법이 없다면 마땅히 알아야 한다. 그 사람은 틀림없이 천상에 태어나게 되고 나쁜 곳에 떨어지지 않을 것이다. 비유하면 마치 새롭고 깨끗한 흰 천은 파랑·노랑·빨강·검정 등 어떤 빛으로 물들이려고 해도 마음대로 무슨 색깔이든 만들 수 있고 또 끝내 지워지지 않는 것과 같다. 왜냐하면 그 바탕이 깨끗하기 때문이다. 그와 같이 21결(結)로 인한 마음의 집착이 없는 사람은 꼭 살펴 관찰해 보아라. 그 사람은 틀림없이 천상에 태어나게 되고 나쁜 곳에 떨어지지 않을 것이다.

만약 현성의 제자라면 성내는 마음의 번뇌가 일어날 때 그것을 관찰하고 나서 곧 그치게 한다. 해치려는 마음의 번뇌가 일어나거나, 수면의 마음의 번뇌가 일어나거나, 조롱하고 희롱하는 마음의 번뇌가 일어나거나, 의심하는 마음의 번뇌가 일어나거나, 화내는 마음의 번뇌가 일어나거나, 꺼리는 마음의 번뇌가 일어나거나, 화내는 마음의 번뇌가 일어나거나, 시기하는 마음의 번뇌가 일어나거나, 미워하는 마음의 번뇌가 일어나거나, 스스로 부끄러워할 줄 모르는 마음의 번뇌가 일어나거나, 남부끄러운 줄 모르는 마음의 번뇌가 일어나거나, 허황한 마음의 번뇌가 일어나거나, 간사한 마음의 번뇌가 일어나거나, 거짓 마음의 번뇌가 일어나거나, 다투는 마음의 번뇌가 일어나거나, 교만한 마음의 번뇌가 일어나거나, 거만한 마음의 번뇌가 일어나거나, 질투하는 마음의 번뇌가 일어나거나, 뛰어난 체하는 마음의 번뇌가 일어나거나, 탐내는 마음의 번뇌 일어나면, 그것을 보고 나서는 곧 그쳐버린다.

만일 현성의 제자로서 성냄이 없고 분노함이 없으며 어리석고 미혹함이 없으면, 마음과 뜻이 화열(和悅)하게 되어 자애로운 마음(慈心)을 한 방위에 두루 채우고 스스로 즐거워한다. 그리하여 2방·3방·4방과 4유(維 : 間方)와 위아래 일체 가운데에도 또한 그러하며, 일체 세간에 한계가 없고 헤아릴 수 없으며, 무게를 달아 헤아릴 수도 없을 정도인 성냄이 없는 마음으로 스스로 즐겁게 노닌다. 이 자애로운 마음으로써 그 가운데를 두루 채워 즐거움을 얻고 나면 마음과 뜻이 곧 올바르게 된다.

다음에는 불쌍하게 여기는 마음(悲心)을 한 방위에 두루 채우고 스스로 즐거워한다. 그리하여 2방·3방·4방과 4유와 위아래 일체 가운데에도 또한 그러하며, 일체 세간에 한계가 없고 헤아릴 수 없으며, 무게를 달아 헤아릴 수도 없을 정도인 성냄이 없는 마음으로 스스로 즐겁게 노닌다. 이 불쌍하게 여기는 마음으로써 그 가운데를 두루 채워 즐거움을 얻고 나면 마음과 곧 올바르게 된다.

다음에는 기뻐하는 마음[喜心]을 한 방위에 두루 채우고 스스로 즐거워한다. 그리하여 2방·3방·4방과 4유와 위아래 일체 가운데에도 또한 그러하며, 일체 세간에 한계가 없고 헤아릴 수 없으며, 무게를 달아 헤아릴 수도 없을 정도인 성냄이 없는 마음으로 스스로 즐겁게 노닌다. 이 기뻐하는 마음으로써 그 가운데를 두루 채워 즐거움을 얻고 나면 마음과 뜻이 곧 올바르게 된다.

다음에는 평정한 마음[護心 : 捨心]을 한 방위에 두루 채우고 스스로 즐거워한다. 그리하여 2방·3방·4방과 4유와 위아래 일체 가운데에도 또한 그러하며, 일체 세간에 한계가 없고 헤아릴 수 없으며, 무게를 달아 헤아릴 수도 없을 정도인 성냄이 없는 마음으로 스스로 즐겁게 논다.

이 보호하는 마음으로써 그 가운데를 두루 채워 즐거움을 얻고 나면 마음과 뜻이 곧 올바르게 된다.

그는 또 여래에 대해 믿음의 근원을 성취하여 그 근원이 흔들리지 않으며 높이 빛나는 깃대를 세워 움직일 수 없게 하여 모든 하늘·용·신·아수륜(阿須倫)·사문·바라문과 혹은 세상 인민들은 그 안에서 기쁨을 얻어 마음과 뜻이 곧 올바르게 된다.

그는 '이분을 여래(如來)·지진(至眞)·등정각(等正覺)·명행성위(明行成爲)·선서(善逝)·세간해(世間解)·무상사(無上士)·도법어(道法御)·천인사(天人師)·불중우(佛衆祐)라 부른다'고 생각하고 그 안에서 즐거움을 얻어 마음과 뜻이 곧 올바르게 된다.

다음에는 법을 성취한다. 여래의 법은 매우 청정하여 움직여 옮길 수 없고 사람들의 사랑과 존경을 받는다. 그러므로 지혜로운 사람은 이와 같이 관찰하고 나서 그 안에서 기쁨을 얻고 또한 승가 대중을 이룩한다.

그는 또 '여래의 성중은 매우 청정하여 성질과 행동이 순수하고 부드러우며, 모든 법을 다 성취하고 계율을 성취하며, 삼매를 성취하고 지례를 성취하며, 해탈을 성치하고, 해탈지견(解脫知見)을 성취한다. 성중이란 곧 사쌍팔배(四雙八輩)를 이르는 말이다. 그들은 여래의 성중으로서 공경할 만하고 귀히 여길 만하여 진실로 받들어 섬길 만한 사람으로서, 그 안에서 즐겁고 기쁨을 얻어 마음과 뜻이 올바르게 된다. 그는 다시 이 삼매로써 마음이 청정하게 되어 티와 더러움[瑕穢]이 없고, 모든 번뇌[結使]가 이내 사라져서 더러움이 없으며, 성질과 행동이 유연(柔軟)하여 신통(神通)을 얻는다. 그리하여 한량없이 많은 전생의 일들과 그가 어디에서 왔는가를 다 알지 못하는 것이 없다.

즉 '1생·2생·3생·4생·5생·10생·20생·30생·40생·50생·백 생·천 생·백천 생과 성패겁(成敗劫)·불성패겁(不成敗劫)·성패불성패겁·무수한 성패겁·무수한 불성패겁 동안 나는 어디서 태어났으며, 자(字)는 무엇이었고 이름은 무엇이었으며, 성은 무엇이었다. 이와 같은 삶을 누렸고 어떤 음식을 먹었으며, 이러이러한 괴로움과 즐거움을 받았고, 목숨의 길고 짧음과 여기서 죽어 저기에 태어나고 저기서 죽어 여기에 태어났다'고 하는 것들에 대해 이와 같이 수없이 많은 전생 일을 스스로 다 안다.

그는 또 이 삼매의 힘 때문에 마음이 청정하고 티와 더러움이 없어 중생들이 마음으로 생각하고 있는 것을 다 안다. 그는 또 천안(天眼)으로써 중생들이 태어나는 것과 죽는 것을 본다. 받는 몸의 아름답고 추함과 사는 곳의 좋고 나쁨까지도 다 본다. 또 좋거나 나쁜 것은 그 중생들이 지은 없을 따라 받는 인과응보라는 것을 모조리 다 안다.

'어떤 중생은 몸으로 악한 짓을 하였고 입으로 악한 말을 하였으며 마음으로 악을 행하였다. 성현을 비방하고 삿된 소견으로 그릇된 일을 하다가 몸이 무너지고 목숨이 끝난 뒤에는 세 갈래 나쁜 세계에 떨어져 지옥[泥黎]에 태어난다. 또 어떤 중생은 몸으로 선한 행동을 하고 입으로 선한 말을 하였으며 뜻으로 선을 행하였다. 성현을 비방하지 않고 바른 소견을 가졌고 그릇된 소견이 없어서 몸이 무너지고 목숨이 끝난 뒤에는 천상 같은 좋은 곳에 태어난다.'

이것을 일러 '깨끗한 천안으로써 중생들이 태어나는 것과 죽는 것, 받는 몸의 아름답고 추함과 사는 곳의 좋고 나쁨까지도 다 본다. 또 좋거나 나쁜 것은 그 중생들이 지은 업을 따라 받는 인과응보라는 것을 모조리 다 아는 것'이라고 한다.

그는 또 이 삼매로써 마음이 청정하여 아무 티와 더러움이 없고 번뇌[結使]가 없으며, 마음과 성질이 부드럽고 연해져서 신통을 얻는다. 그는 누진통(漏盡通)을 얻어 스스로 즐거워한다. 그는 이러한 괴로움을 관찰하여 그 괴로움에 대하여 사실 그대로 안다. 또 괴로움의 발생을 관찰하고 괴로움의 소멸을 관찰하며, 괴로움의 소멸에 이르는 길을 관찰하여 사실 그대로를 안다. 그는 이와 같이 관찰하고 난 뒤에는 욕루(欲漏)의 마음에서 해탈하고 유루(有漏)와 무명루(無明漏)의 마음에서 해탈한다. 거기서 이미 해탈하고 난 뒤에는 이내 해탈지(解脫智)를 얻어 '나고 죽음은 이미 다하고 범행(梵行)은 이미 섰으며, 할 일을 이미 마쳐 다시는 후세의 몸을 받지 않는다'고 사실 그대로 안다.

비구들아, 이와 같이 현성의 제자로서 마음이 해탈을 얻으면 비록 쌀밥과 여러 가지 맛있는 좋은 반찬을 수미산만큼 많이 먹는다 해도 마침내 허물이 없을 것이다.

왜냐하면 탐욕이 다하여 애착이 없어졌기 때문이요, 성냄이 다하여 분노가 다 없어졌기 때문이며, 어리석음이 다하여 어리석음이 다 없어졌기 때문이다. 이것을 일러 '비구 중에 참다운 비구로서 마음을 아주 깨끗이 씻었다'고 하는 것이니라."

그때 강측 바라문이 부처님께 아뢰었다.

"사문 구담이시여, 손타라강(孫陀羅江)[2]에 가서 목욕하십시오."

---

2 팔리어로 Sundarikā이며, 아름다움 · 좋음 · 훌륭함이라는 뜻임.

부처님께서 말씀하셨다.

"바라문아, 어찌하여 그 강을 손타라강이라고 부르는가?"

바라문이 대답하였다.

"손타라강의 물은 복(福)이 되는 깊은 못이요, 세상의 광명입니다. 만일 어느 누구라도 그 강물에 목욕을 하면 모든 악이 다 없어집니다."

그때 부처님께서 곧 게송으로 말씀하셨다.

나는 무수한 겁을 지니는 동안
그 강물에 가서 목욕하였고
또 수없이 많은 작은 연못을
골고루 다니면서 목욕하였다.

어리석은 이들이 목욕을 즐기지만
남몰래 더러운 짓 저지른다.
죄는 죄 몸 안에 가득 찼는데
어떻게 저 강물이 그를 구하리.

깨끗한 이는 언제나 즐겁고
계율이 맑으면 그 또한 시원하다네.

맑은 사람은 맑은 행을 행하나니
그는 원하는 것을 반드시 이루리라.

주지 않는 것 가지지 않고
자애로운 마음으로 살생하지 않으며
진실을 지켜 거짓말이 없으면
마음이 평등하여 더하고 덜함이 없으리.

네가 지금 이 계율에 목욕하면
반드시 편하고 아늑한 곳 얻으리라.
구태여 강물로 갈 것 없으니
장님을 어둠 속에 던진 것 같으리.

그때 바라문이 부처님께 아뢰었다.

"이제 그만두십시오, 구담이시여, 마치 꼽추의 등을 펴게 하고, 어둠 속에서 빛을 보이며, 헤매는 이에게 길을 가르쳐 주고, 어두운 방에 등불을 켜주며, 장님에게 눈을 주듯이, 사문 구담께서는 무수한 방편으로 그 묘한 법을 말씀하셨습니다. 바라건대 저에게도 도 닦기를 허락해 주소서."

그때 강측 바라문은 곧 비구가 되어 구족계를 받았다.

그는 이름 있는 종족의 아들들이 출가하여 도를 배우는 목적대로 위없는 범행을 닦아 '나고 죽음은 이미 다하고 범행은 이미 섰으며, 할 일을 이미 마쳐 다시는 후세의 몸을 받지 않는다'고 사실 그대로 알았다. 그래서 손타라제리(孫陀羅諦利 : 江側)는 곧 아라한이 되었다.

그때 존자 손타라제리는 부처님의 말씀을 듣고 기뻐하며 받들어 행하였다.

이와 같이 들었다.

어느 때 부처님께서는 사위국 기수급고독원에 계셨다.

그때 부처님께서 모든 비구들에게 말씀하셨다.

"지금 이 세상에는 네 종류의 사람이 출현한다. 어떤 것이 그 네 종류의 사람인가? 혹 어떤 사람은 먼저는 괴로우나 뒤에는 즐겁고, 혹 어떤 사람은 먼저는 즐거우나 뒤에는 괴로우며, 혹 어떤 사람은 먼저도 괴롭고 뒤에도 괴로우며, 혹 어떤 사람은 먼저도 즐겁고 뒤에도 즐겁다.

어떤 사람을 먼저는 괴로우나 뒤에는 즐거운 사람이라고 하는가? 혹 어떤 사람은 비천한 집안에 태어나고, 혹은 사람은 죽이는 종족으로, 혹은 공사(工師) 종족으로, 혹은 삿된 도를 믿는 집안에 태어나기도 하고, 또 이와는 다른 가난한 집안에 태어나서 의식이 넉넉하지 못하기도 한다. 그러나 비록 그 사람이 그런 집안에 태어나기는 했으나 그 사람은 삿된 소견이 없어서 이렇게 생각한다.

'보시(布施)도 있고 그것을 받는 이도 있다. 금세(今世)도 있고 후세(後世)도 있으며, 사문(沙門)도 있고 바라문(婆羅門)도 있으며, 아버지도 있고 어머니도 있으며, 아라한 등의 가르침을 받는 이도 있다. 또 선악의 인과응보도 있다.'

또 그는 큰 부잣집을 보면 옛날에 덕(德)을 베풀고 방일(放逸)하지 않음으로 인한 과인 줄을 알고, 만약 의식(衣食)이 없는 가난한 집안을 보면 그들은 보시의 공덕을 짓지 않았으므로 항상 빈천(貧賤)하게 되었다고 한다. 그리하여 그는 이렇게 생각한다.

'내가 지금 가난하여 의식이 없는 것은, 다 옛날에 복을 짓지 않고 세상 사람을 속이고 방일한 법을 행한 까닭이다. 그런 악행(惡行)의 인과응보로 말미암아 지금 이런 가난함을 겪으며 입고 먹을 것이 없는 것이다.'

또 사문이나 바라문들이 착한 법을 닦는 것을 보면, 곧 그들에게 참회하고는 현재 하던 짓을 고치며, 자기가 소유하고 있는 것에서 남는 것이 있으면 남에게 나누어 준다. 그래서 그는 몸이 무너지고 목숨이 끝난 뒤에 천상(天上) 같은 좋은 곳에 태어나고, 만일 인간 세계에 태어나면 재물이 많고 보배가 넉넉해 조금도 부족한 것이 없다. 이런 이를 먼저는 괴로우나 뒤에는 즐거운 사람이라고 하느니라.

어떤 사람을 먼저는 즐거우나 뒤에는 괴로운 사람이라고 하는가? 혹 어떤 사람은 귀족[豪族] 집안인 찰리(刹利) 종족이나, 혹은 장자(長者) 종족, 혹은 이름 있는 가문에 태어나기도 하고, 혹은 부잣집에 태어나 의식이 풍족하다. 그러나 그는 비록 그런 집안에 태어났기는 했으나 항상 삿된 소견을 가지고 치우친 소견에 호응하여 이렇게 생각한다.

'보시도 필요 없고 그것을 받는 사람도 없으며, 또 현세나 후세의 인과응보도 없다. 아버지와 어머니도 없고 아라한도 없으며, 또한 증득한 사람도 없고 선학의 인과응보도 없다.'

그는 이런 삿된 소견을 가지고, 만일 부귀(富貴)한 집을 보면 이렇게 생각한다.

'이 사람은 오래도록 이런 재물과 보배를 가지고 있었다. 남자는 오래도록 남자였고, 여자는 오래도록 여자였으며, 축생은 오래도록 축생이었다.'

그리하여 보시하는 것을 좋아하지 않고 계율을 지치지 않는다. 그는 계율을 잘 지키는 사문이나 바라문을 보면 성내는 마음을 일으키면서 이렇게 생각한다.

'이 사람은 거짓을 행한다. 어느 곳에 복의 인과응보가 있다는 말인가?'

그리하여 그는 몸이 무너지고 목숨이 끝난 뒤에는 지옥에 태어나고, 혹은 사람이 되더라도 빈궁한 집안에 태어나 입고 먹을 것이 없어서 늘 헐벗고 굶주릴 것이다. 이런 이를 먼저는 즐거우나 뒤에는 괴로운 사람이라고 하느니라.

어떤 사람을 먼저도 괴롭고 뒤에도 괴로운 사람이라고 하는가? 혹 어떤 사람은 빈천한 집안인 사람을 죽이는 종족, 공사(工師)의 종족이나 또는 하열(下劣)한 집안에 태어나서 입고 먹을 것이 없다. 그런 집에 태어난 그 사람은 다시 삿된 소견을 가지고 치우친 소견과 서로 호응하여 곧 이렇게 생각한다.

'보시는 쓸데없고 그것을 받는 이도 없으며, 현세·후세에 선악의 인과응보도 없으며, 아버지와 어머니도 없고 아라한도 없다.'

그리하여 그는 보시하는 것을 좋아하지 않고 계를 받들어 지키고 않는다. 그는 사문이나 바라문을 보면 곧 성을 내어 현성(賢聖)들을 대하고, 또 그 사람은 가난한 사람을 보면 '오랜 세월 동안 저러했다'고 말하며, 부자를 보아도 '오랜 세월 동안 저러했다'고 말한다. 아버지를 보면 '옛날부터 아버지였다'고 말하고, 어머니를 보면 '옛날부터 어머니였다'라고 말한다. 그리하여 그는 몸이 무너지고 목숨이 끝난 뒤에는 지옥에 태어나고, 혹 인간에 태어나더라도 매우 빈천하여 입고 먹을 것이 충분하지 못한다. 이런 이를 먼저도 괴롭고 뒤에도 괴로운 사람이라고 하느니라.

어떤 사람을 먼저도 즐겁고 뒤에도 즐거운 사람이라고 하는가? 혹 어떤 사람은 부귀(富貴)한 집안인 찰리(刹利) 종족이나 바라문 종족으로 태어나거나 혹은 국왕(國王)의 종족으로 태어나거나 혹은 장자(長者)의 종족으로 태어나거나 혹은 온갖 재물이 넉넉하고 보물이 많은 집에 태어나서 태어나는 곳마다 모자라는 것이 없다. 그런 집안에 태어난 뒤에도 그는 바른 소견을 가지고 삿된 소견이 없다. 그리하여 그는 이렇게 생각한다.

'보시도 있고 그것을 받는 이도 있으며, 금세도 있고 후세도 있다. 세상에는 사문과 바라문도 있고, 선학의 인과응보도 있다. 아버지도 있고 어머니도 있으며 아라한도 있다.'

그리하여 그 사람이 부귀한 집안에 재물이 넉넉하고 보물이 많은 것을 보면 그는 곧 이렇게 생각한다.

'이 사람은 옛날에 보시를 많이 한 까닭이다.'

또 만약 빈천한 집안을 보면 이런 견해를 가진다.

'이 사람은 옛날에 보시를 하지 않았기 때문이다. 그러니 나도 지금부터 수시로 보시하여 뒤에 다시 빈천한 집안에 태어나지 않도록 해야겠다.'

그리하여 그는 항상 사람들에게 보시하기를 좋아하고 기뻐한다. 그 사람은 사문이나 도(道) 닦는 사람을 보면 수시로 그의 안부를 묻고 형편을 물어, 의복·음식·평상·침구·의약 등을 공급하며 무엇이든지 다 보시한다. 그리하여 그는 목숨을 마친 뒤에 천상의 좋은 곳에 태어나고, 만약 인간 세상에 태어나면 부귀한 집안에 태어나 재물이 넉넉하고 보배도 많다. 이런 이를 먼저도 즐겁고 뒤에도 즐거운 사람이라고 하느니라."

그때 어떤 비구가 부처님께 아뢰었다.

"제가 관찰해보니 어떤 중생은 현세에서 먼저는 괴로웠다가 뒤에는 즐겁고, 어떤 중생은 현세에서 먼저는 즐거웠다가 뒤에는 괴로우며, 어떤 중생은 현세에서 먼저도 괴롭고 뒤에도 괴로우며, 어떤 중생은 현세에서 먼저도 즐겁고 뒤에도 즐겁습니다."

그때 부처님께서 말씀하셨다.

"그럴 만한 인연이 있어서 중생들이 먼저는 괴로웠다

가 뒤에는 즐겁고, 먼저는 즐거웠다가 뒤에는 괴로우며, 먼저도 괴롭고 뒤에도 괴로우며, 먼저도 즐겁고 뒤에도 즐겁게 되느니라."

비구가 부처님께 아뢰었다.

"어떤 인연이 있기에 먼저는 즐거웠다가 뒤에는 괴롭고, 먼저는 괴로웠다가 뒤에는 즐거우며, 먼저도 괴롭고 뒤에도 괴로우며, 먼저도 즐겁고 뒤에도 즐겁게 되나이까?"

부처님께서 말씀하셨다.

"비구야, 마땅히 알아야 한다. 만약 사람이 백 살을 산다고 할 때 기껏해야 10에 10을 곱한 것이다. 그리고 그 목숨이 겨울·여름·봄·가을로 끝난다고 하자. 비구야, 백 년 동안에는 온갖 공덕을 짓고, 백 년 동안에는 온갖 악한 업과 모든 삿된 소견을 지으면, 그는 다른 때에 혹 겨울에는 즐거움을 받고 여름에는 괴로움을 받을 것이다.

또 백 년 동안에는 공덕을 두루 갖추어 모자람이 없고 백 년 동안에는 온갖 삿된 소견과 착하지 않은 행(行)을 지었다면, 먼저는 그 복을 받고 뒤에는 그 죄를 받을 것이다.

또 어릴 때에는 복을 짓고 자라서는 죄를 지으면 그는 후생에 어려서는 복을 받고 자라서는 죄를 받을 것이다.

또 어려서도 죄를 짓고 자라서도 죄를 지으면 그 사람은 후생에 먼저도 괴롭고 뒤에도 괴로울 것이요. 또 어렸을 때 온갖 공덕을 지어 여러 가지를 나누어 주어 보시하면 그는 후생에 먼저도 즐겁고 뒤에도 즐거울 것이다.

비구들아, 이것을 일러 '어떤 인연이 있어 먼저는 괴로웠으나 뒤에는 즐겁고, 먼저는 즐거웠으나 뒤에는 괴로우며, 먼저도 괴롭고 뒤에도 괴로우며, 먼저도 즐겁고 뒤에도 즐겁다'고 하는 것이니라."

비구가 부처님께 아뢰었다.

"그렇습니다. 부처님이시여. 만일 어떤 중생이 먼저도 즐겁고 뒤에도 즐겁고자 한다면 마땅히 보시를 행해 먼저도 즐겁고 뒤에도 즐겁기를 바라야 할 것입니다."

뷰초남께서 말씀하셨다.

"그렇다. 비구야, 네 말과 같다. 만일 어떤 중생이 열반과 아라한의 도와 나아가 부처의 도에 이르기까지 이 모두를 이루려고 한다면 마땅히 보시를 행하여 공덕을 지어야 한다. 모든 비구들아, 마땅히 이와 같이 배워야 하느니라."

그때 모든 비구들은 부처님의 말씀을 듣고 기뻐하며 받들어 행하였다.

이와 같이 들었다.

어느 때 부처님께서는 사위국 기수급고독원에 계셨다. 그때 뷰초남께서 모든 비구들에게 말씀하셨다.

"세상에는 네 종류의 사람이 출현한다. 어떤 것이 그 네 종류인가? 혹 어떤 사람은 몸은 즐거우나 마음은 즐겁지 않고, 혹 어떤 사람은 마음은 즐거우나 몸은 즐겁지 않으며, 혹 어떤 사람은 마음도 즐겁지 않고 몸도 즐겁지 않고, 혹 어떤 사람은 몸도 즐겁고 마음도 즐거우니라.

어떤 사람을 몸은 즐거우나 마음이 즐겁지 않은 사람이라고 하는가? 복을 지은 범부는 의복·음식·침구·의약, 이 네 가지를 공양 받으며 모자람이 없다. 그런데도 그는 아귀·축생·지옥의 세계와 그 밖의 나쁜 세계를 면하지 못한다. 이런 이를 몸은 즐거우나 마음이 즐겁지 않은 사람이라고 하느니라.

어떤 사람을 마음은 즐거우나 몸은 즐겁지 않은 사람이라고 하는가? 말하자면 아라한이 공덕을 짓지 않아서 네 가지 공양을 스스로 마련해 얻지 못하는 것이다. 그는 다만 지옥·아귀·축생의 길을 면 할 뿐이다. 비유하면 저 아라한 유유(唯嗦)와 같다. 비구들아, 이런 이를 마음을 즐거우나 몸은 즐겁지 않은 사람이라고 하느니라.

어떤 사람을 몸도 즐겁지 않고 마음도 즐겁지 않은 사

람이라고 하는가? 말하자면 범부가 공덕을 짓지 않아서 의복·음식·침구·의약, 이 네 가지 공양을 얻지 못하고, 또 지옥·아귀·축생의 길을 면하지 못하는 것이다. 이런 이를 몸도 즐겁지 않고 마음도 즐겁지 않은 사람이라고 하느니라.

어떤 사람을 몸도 즐겁고 마음도 즐거운 사람이라고 하는가? 말하자면 공덕을 지은 아라한을 일컫는 것이니, 그는 의복·음식·침구·의약, 이 네 가지 공양에 부족함이 없고, 또 지옥·아귀·축생의 세계를 면한다. 마치 저 시바라(尸波羅) 비구와 같은 경우이다.

비구들아, 이것이 세간(世間)에 네 종류의 사람이 있다고 하는 것이다. 그러므로 비구들아, 너희들은 방편을 구해 저 시바라 비구처럼 되도록 해야 하느니라. 모든 비구들아, 마땅히 이와 같이 배워야 하느니라."

그때 모든 비구들은 부처님의 말씀을 듣고 기뻐하며 받들어 행하였다.

어느 때 존자(尊者) 사리불과 존자 목건련은 왕사성 가란타죽원에 있었다.

그때 사리불이 모든 비구들에게 말하였다.

"세간에는 다음과 같은 네 종류의 사람이 있습니다. 어떤 것이 그 네 종류인가? 이른바 첫 번째 사람은 번뇌[結]

를 따르지만, 그러나 마음에 번뇌가 있는 줄을 알지 못하며, 혹 어떤 사람은 번뇌를 따르지만, 그러나 마음에 번뇌가 있는 줄 사실 그대로 안다. 혹 어떤 사람은 번뇌를 따르지 않지만, 마음에 번뇌가 없는 줄 사실 그대로를 알지 못하며, 혹 어떤 사람은 번뇌를 따르지 않지만, 그러나 마음에 번뇌가 없는 줄 사실 그대로를 압니다.

여러분, 마땅히 알아야 합니다. 그 첫 번째 사람은 번뇌를 따르지만, 그러나 마음에 번뇌가 있는 줄을 알지 못하니, 그 사람은 저 번뇌가 있는 두 사람 중에서도 가장 못난 사람이다. 그러나 저 두 번째 사람은 번뇌를 따르면서 마음에 번뇌가 있는 줄 사실 그대로 아는 사람이니, 그 사람은 매우 훌륭한 사람입니다.

저 세 번째 사람은 번뇌를 따르지 않지만, 마음에 번뇌가 없는 줄 사실 그대로 알지 못하는 사람이니, 그런 사람은 저 번뇌가 없는 두 사람 중에서 가장 못난 사람입니다. 그러나 저 네 번째 사람은 번뇌를 따르지 않으면서 마음에 번뇌가 없는 줄 사실 그대로 다 아는 사람이니, 그런 사람은 번뇌가 없는 사람 중에서 가장 으뜸가는 사람입니다. 여러분은 마땅히 알아야만 합니다. 세간에는 이런 네 종류의 사람이 있습니다."

그때 존자 목건련이 사리불에게 물었다.

"무슨 인연으로 번뇌가 있어 그 번뇌를 따르는 사람 중에 한 사람은 못나고 한 사람은 훌륭하다고 합니까? 또무슨 인연으로 번뇌를 따르지 않는 두 사람 중에 한 사람은 못나고 한 사람은 훌륭하다고 합니까?"

사리불이 대답하였다.

"저 번뇌를 따르면서도 마음에 번뇌가 있는 줄을 모르는 그런 사람은 이렇게 생각합니다.

'나는 마땅히 깨끗하다고 생각한다.'

그래서 그는 곧 깨끗하다고 생각합니다. 그가 마땅히 깨끗하다고 생각할 때에 그는 곧 욕심(欲心)을 일으키고, 욕심을 일으키고 나면 곧 탐욕과 성냄과 어리석은 마음을 가진 채 목숨을 마칠 것입니다. 그때 그는 방편을 구해이런 욕심을 없애지 못하고, 성냄과 어리석은 마음을 가진 채 목숨을 마치고 마는 것입니다.

목건련이여, 마땅히 알아야만 합니다. 비유하면 마치어떤 사람이 시장에 가서 구리 그릇[銅器]를 샀는데, 먼지와 때가 잔뜩 묻어 있어 매우 더러웠습니다. 그런데도 그사람은 수시(隨時)로 닦지도 않고 씻지도 않았습니다. 그러므로 그 그릇은 갈수록 때가 더욱 끼여 갑절이나 더 더러워지는 것처럼, 이 첫 번째 사람도 그와 같아서 번뇌를따르면서도 마음에 번뇌가 있는 줄 사실 그대로 알지 못하고 그는 곧 이렇게 생각합니다.

'나는 지금 깨끗하다.'

그는 깨끗하다고 생각하고 나서는 곧 욕심을 내고, 욕심을 내고 나서는 탐욕과 성냄과 어리석음을 가진 채 목숨을 마치면서도 방편을 구해 이 욕심을 없애지 않습니다.

저 두 번째 사람은 번뇌를 따르지만 마음에 번뇌가 있는 줄을 사실 그대로 알고 이렇게 생각합니다.

'나는 지금 깨끗하다는 생각을 버리고 깨끗하지 못하다는 생각을 가지리라.'

그는 깨끗하다는 생각을 이미 버리고 깨끗하지 못하다는 생각을 가집니다. 그리고 깨끗하지 못하다는 생각을 가지고 나서는 곧 욕심을 내지 않습니다. 그리하여 방편을 구해 얻지 못한 것을 얻고, 거두지 못한 것을 거두며, 도달하지 못한 것을 도달하게 하여 곧 탐욕과 성냄과 어리석음이 없고, 또한 번뇌가 없이 목숨을 마치고 맙니다.

비유하면 마치 어떤 사람이 시장에서 구리 그릇을 샀는데, 그 그릇에 먼지와 때가 묻어 더러웠습니다. 그러므로 그가 수시로 닦고 씻어서 깨끗하게 만든 것처럼, 이 사람도 또한 그와 같아서 번뇌를 따르지만 마음에 번뇌가 있는 줄 사실 그대로 압니다. 그 사람은 곧 깨끗하다는 생각을 버리고 깨끗하지 못하다는 생각을 가집니다. 그는 깨끗하니 못하다는 생각을 가지고는 다시 방편을 구해 얻지 못한 것을 얻고 거두지 못한 것을 거두며 증득하니 못한 것을 증득할 수 있도록 합니다. 그래서 이미 욕심이 없고 성냄과 어리석음이 없이 목숨을 마칩니다. 목건련이여, 이것을 일러 '번뇌를 따르는 두 사람 중에 한 사람은 못나고 한 사람은 훌륭하다'고 말하는 것입니다."

목건련이 물었다.

"그러면 또 무슨 인연으로 저 두 사람은 똑같이 번뇌를 따르지 않는데, 한 사람은 못나고 한 사람은 훌륭하다고 하는가?"

사라불이 대답하였다.

"저 세 번째 사람은 번뇌를 따르지 않으면서도 마음에 번뇌가 없는 줄 사실 그대로 알지 못하고 이렇게 생각합니다.

'나는 방편을 구해 생각하지 않는데도, 얻지 못한 것을 얻었고 거두지 못한 것을 거두었으며 증득하지 못한 것을 증득하였다.'

그래서 그 사람은 욕심과 성냄과 어리석음이 생겨·거기에 얽매인 채 목숨을 마칩니다.

비유하면 마치 어떤 사람이 시장에 가서 구리 그릇을

샀는데, 그 그릇에 티끌과 때가 묻어 매우 더러웠습니다. 그런데도 그는 수시로 씻지도 않고 닦지도 않지만, 마음에 번뇌가 없는 줄 사실 그대로 알지 못하고 또 이렇게 생각합니다.

'나는 마땅히 방편을 구해 온갖 번뇌를 다 없애리라.'

이렇게 생각하고는 공부를 하지도 않습니다. 그래서 탐욕과 성냄과 어리석음을 가진 채 목숨을 마치고 맙니다.

저 네 번째 사람은 번뇌를 따르지도 않고, 또 마음에 번뇌가 없는 줄 사실 그대로 압니다. 그리하여 그 사람은 곧 이렇게 생각합니다.

'나는 방편을 구해 얻지 못한 것을 얻고 거두지 못한 것을 거두며 증득하지 못한 것을 증득하리라.'

그래서 그는 이런 번뇌가 없이 목숨을 마칩니다.

비유하면 마치 어떤 사람이 시장에 가서 좋은 구리 그릇을 구했는데, 그 그릇이 매우 깨끗하였습니다. 그런데도 그는 또 수시로 닦고 씻어서 그 그릇을 더욱 깨끗하고 곱게 만듭니다. 그 네 번째 사람도 또한 그와 같아서 번뇌를 따르지도 않고, 또한 마음에 번뇌가 없는 줄 사실 그대로 알면서도 그 사람은 곧 이렇게 생각합니다.

'나는 방편을 구해 얻지 못한 것을 얻고 거두지 못한 것을 거두며 증득하지 못한 것을 증득하리라.'

그리하여 그는 탐욕과 성냄과 어리석음의 번뇌가 없이 목숨을 마치고 맙니다.

목건련이여, 이것을 일러 '번뇌를 따르지 않아 마음에 번뇌가 없는 두 사람 중에 그것을 사실 그대로 아는 사람은 훌륭하고 그것을 사실 그대로 알지 못하는 사람은 못났다'고 하는 것입니다.

이때 존자 목건련이 물었다.

"무슨 까닭에 번뇌라고 부릅니까?"

사리불이 대답하였다.

"목건련이여, 마땅히 알아야 합니다. 악하고 착하지 않은 법은 온갖 삿된 소견〈邪見〉을 일으키기 때문에 번뇌라고 말하는 것입니다. 혹 어떤 사람은 생각하기를 '여래께서는 저에게 이치를 물으신 뒤에 모든 비구들을 위해 설법하시고, 여래께서 다른 비구들에게 그 이치를 물어 그 비구로 하여금 비구들을 위해 설법하시지 않게 했으면 좋겠다.'라고 합니다.

그러나 때로는 부처님께서 다른 비구에게 말씀하시어 설법하게 하시고, 그 비구에게는 말씀하시지 않으면 그는 생각하기를 '여래께서 설법하시면서 나에게는 아무 말씀도 하시지 않는다. 내가 비구들을 위해 설법해야 하겠다.'라고 합니다.

이리하여 착하지도 못한데다가 탐욕까지 갖추고 있습니다. 이미 착하지도 못한 데다 또 탐욕까지 갖추고 있으니, 이 두 가지는 다 좋지 않은 것입니다.

이와 같이 들었다.

어느 때 부처님께서는 사위국 기수급고독원에 계셨다.

그때 부처님께서 모든 비구들에게 말씀하셨다.

"여기 두 가지 법이 있는데 그것이 사람을 빈천하여 재물이 없게 만든다. 어떤 것이 그 두 가지 법인가? 하나는 다른 사람이 보시하는 것을 보면 곧 막아 하지 못하게 하는 것이고, 다른 하나는 제 자신도 보시하기를 좋아하지 않는 것이다. 비구들아, 이것이 이른바 '여기 두 가지 법이 있는데 그것이 사람을 빈천하여 재물이 없게 만든다'는 것이다.

또 두 가지 법이 있는데 그것이 사람을 부귀하게 만든다. 어떤 것이 그 두 가지 법인가? 하나는 다른 사람이 남에게 보시하는 것을 보면 그를 도와 같이 기뻐해 주는 것이고, 다른 하나는 제 자신도 보시하기를 좋아하는 것이다. 비구들아, 이것이 이른바 '두 가지 법이 있는데 그것이 사람을 부귀하게 만든다'는 것이니라.

그러므로 모든 비구들아, 이것이 이른바 '여기 두 가지 법이 있는데 그것이 사람을 빈천하여 재물이 없게 만든다'는 것이다.

또 두 가지 법이 있는데 그것이 사람을 부귀하게 만든다. 어떤 것이 그 두 가지 법인가? 하나는 다른 사람이 남에게 보시하는 것을 보면 그를 도와 같이 기뻐해 주는 것이고, 다른 하나는 제 자신도 보시하기를 좋아하는 것이다. 비구들아, 이것이 이른바 '두 가지 법이 있는데 그것이 사람을 부귀하게 만든다'는 것이니라.

그러므로 모든 비구들아, 너희들은 꼭 보시하기를 배우고 탐심(貪心)을 가지지 말아야 하느니라."

그때 모든 비구들은 부처님의 말씀을 듣고 기뻐하며, 받들어 행하였다.

이와 같이 들었다.

어느 때 부처님께서는 사위국 기수급고독원에 계셨다.

그때 부처님께서 모든 비구들에게 말씀하셨다.

"나는 지금 중생들이 원래 그 업(業)을 따라 가는 곳을 자세히 알고 또 보시의 인과응보에 대해서도 잘 안다. 최후에 남은 한 덩이 밥이라도 자기가 먹지 않고 남에게 베풀어 주되, 그때 털끝만큼도 미워하는 마음을 일으키지 말라. 만일 성을 내면 그 중생은 보시의 인과응보를 알지

못하게 되기 때문이다. 나는 다 안다. 보시의 인과응보는
평등하게 갚는 마음과 다름이 없다. 그런 까닭에 중생들
은 평등하게 보시하지 못하여 스스로 타락하고 만다. 항
상 아끼고 미워하는 마음이 있어서 제 마음을 얽어매기
때문이다."

　그때 부처님께서 곧 게송으로 말씀하셨다.

　저 여래가 가르치신 말씀을
　중생들은 스스로 깨닫지 못한다.
　언제나 두루 베풀어 보시하되
　오로지 부처님의 처소를 향하라.

　그 마음 맑고 깨끗하므로
　그가 얻는 복은 배가 많으리.
　꼭 같이 고루 그 복을 나누면
　뒤에 반드시 큰 인과응보를 얻으리라.

　보시하는 것은 금생에도 좋고
　그 마음은 넓은 복밭을 향하네.
　이 인간 세상에서 목숨 마치면
　틀림없이 천상(天上)에 태어나리라.

저 좋은 곳에 태어나므로
모든 쾌락을 스스로 누리고
길(吉)하고 상서롭고 매우 즐거워
어느 것 하나 모자람이 없다.

하늘의 위엄과 덕의 업으로
옥녀(玉女)들 둘러싸 시종하나니
평들한 보시의 인과응보 때문에
그러한 복을 얻는 것이다.

그때 모든 비구들은 부처님의 말씀을 듣고 기뻐하며 받들어 행하였다.

이와 같이 들었다.

어느 때 부처님께서는 사위국 기수급고독원에 계셨다

그때 부처님께서 모든 비구들에게 말씀하셨다.

"시기적절한 보시에 다섯 가지가 있다. 어떤 것이 그 다섯 가지인가? 첫째는 멀리서 오는 사람에게 보시하는 것이요. 둘째는 먼 길을 떠나는 사람에게 보시하는 것이며, 셋째는 병든 사람에게 보시하는 것이요. 넷째는 걸식하기 힘들 때[3]에 보시하는 것이며, 다섯째는 처음 나온 과일과 채소와 햇곡식을 먼저 계를 지키고 정진하는 이에게 주고 나서 자기가 먹는 것이다. 비구들아, 이것을 이른바 시기적절한 다섯 가지 보시라고 하느니라."

그때 부처님께서 곧 이 게송을 말씀하셨다.

지혜로운 이는 때를 알아 보시하고
믿는 마음 끊어버리지 않는다.
이런 데에서 통쾌하게 즐거움 느껴
하늘에 태어날 온갖 덕 갖추네.

때를 따라 보시할 마음 가지면
복 받는 일 메아리와 같으리.
영원히 고단하거나 모자람 없고
태어나는 곳마다 늘 부귀 누리리.

온갖 행구(行具)를 보시하면
더 없이 높은 자리에 이르리.
수많은 보시에 아까운 마음 내지 않고

---

3 고려대장경 원본에는 이 부분이 '검시(儉時)'로 되어 있음. 팔리어본에는 'dud-dhikkha(難乞食)'로 되어 있으므로 그것에 따라 번역하였음.

환희하면 마침내 이익 늘어나리.

마음속에 이런 생각을 내면
혼란한 뜻 영원히 남음 없으리.
깨달아 알면 몸이 안락하고
마음에 곧 해탈을 얻으리라.

이런 까닭에 지혜로운 사람은
남자든 여자든 따질 것 없이
마땅히 이 다섯 가지 보시 행하고
방편을 잃지 않는 것이 옳으리라.

"그런 까닭에 모든 비구들아, 만약 선남자와 선여인이
이 다섯 가지 일을 행하려고 하거든 마땅히 시기적절한
보시를 행하라. 모든 비구들아, 마땅히 이와 같이 배워야
하느니라."

그때 모든 비구들은 부처님의 말씀을 듣고 기뻐하며
받들어 행하였다.

선(善)·불선(不善)·예불(禮佛)과
천사(天使)·해[歲]·다섯 징조와

문다(文茶)·가까이하기·간호와

다섯 보시와 시기적절한 보시에 대해 설하셨다.

이와 같이 들었다.

어느 때 부처님께서는 사위국 기수급고독원에 계셨다.

그때 부처님께서 모든 비구들에게 말씀하셨다.

"세 가지 복이 되는 업(業)이 있다. 어떤 것이 그 세 가지인가? 보시가 복을 짓는 업이요. 평등이 복을 짓는 업이며, 사유(思惟)가 복을 짓는 업이다. 어째서 보시가 복을 짓는 업이 되는가? 만일 어떤 사람이 마음을 열어 사문·바라문·매우 빈궁한 사람·고독한 사람·갈 곳 없는 이에게 보시를 하되, 밥을 필요로 하는 이에게는 밥을 주고 장(漿)을 필요로 하는 이에게는 장을 주며, 의복·음식·평상[牀]·침구[臥具]와 질병에 필요한 의약품[醫藥]과 향(香)·꽃과 자고 머물 수 있는 곳 등을 저들의 요구에 따라 아낌없이 주면, 이것을 '보시가 복을 짓는 업이 된다.'고 말하는 것이니라.

어째서 평등이 복을 짓는 업이 되는가? 혹 어떤 사람이 살생을 하지 않고 도둑질하지 않으며, 항상 부끄러워할 줄 알고 나쁜 생각을 일으키지 않으며, 항상 부끄러워할 줄 알고 나쁜 생각을 일으키지 않으며, 남의 물건을 몰래 훔치지 않고 남에게 보시하기를 좋아하며, 탐하거나 아끼는 마음이 없고 말씨가 온화하고도 맑으며, 남의 마음에 상처 입히지 않고 또한 다른 이와 음란한 짓을 하지 않으며, 제 자신이 범행(梵行)을 닦고 자기 아내에 만족하고 거짓말을 하지 않아 항상 성실하기를 생각하며, 속이는 말을 하지 않아서 세상 사람들의 존경을 받으며, 늘어나거나 줄어드는 일이 없고 또한 술을 마시지 않아서 언제나 혼란한 것을 피할 줄 안다.

또 자애로운 마음[慈心]을 1방(方)에 두루 채우고, 2방·3방·4방에도 또 그렇게 하고, 8방과 상·하에까지 두루 채워서 헤아릴 수도 없고 한정할 수도 없다. 한정할 수도 없고 무게를 달아 헤아릴 수도 없을 정도의 이와 같은 자애로운 마음으로 일체를 두루 덮어 그들로 하여금 안온함을 얻게 한다. 또 불쌍히 여기는 마음[悲心]·기뻐하는 마음[善心]·평정한 마음[護心]을 1방에 가득 채우고, 2방·3방·4방에도 또한 그렇게 하고, 8방과 상·하에까지도 모두 채워 헤아릴 수도 없고 한정할 수도 없으며, 무게를 달아 헤아릴 수도 없을 정도로 이 불쌍히 여기는 마음·기뻐하는 마음·보호하는 마음을 일체에 가득 채운다. 이것을 일러 '평등이 복을 짓는 업이 된다'고 하는 것이니라.

어째서 사유가 복을 짓는 업이 되는가? 비구가 염각의 (念覺意)를 수행하여 욕심 없음[無欲]에 의지하고 관찰함이 없음에 의지하며, 다 사라짐에 의지하고 번뇌를 벗어나는 중요한 방법에 의지하여 법각의(法覺意)를 닦고 염각의(念 覺意)를 닦으며, 의각의(猗覺意)를 닦고 정각의(定覺意)를 닦으며, 호각의(護覺意)를 닦아 욕심 없음에 의지하고 관찰함이 없음에 의지하며, 다 사라짐에 의지하고 번뇌를 벗어나는 중요한 방법에 의지하면, 이것을 일러 '사유가 복을 짓는 업이 된다'고 하는 것이니라.

이와 같으니 비구들아, 이런 세 가지 복을 짓는 업이 있느니라."

그때 부처님께서 곧 이런 게송을 말씀하셨다.

보시와 평등과 자애로운 마음과
보호하는 마음과 또 사유하는 것
이런 것들의 세 가지 업이 있는데
지혜로운 사람은 이를 친근히 한다.

이 세상에서 그 인과응보 받고
천상에서도 또한 그러하니
이런 세 가지 업으로 말미암아

천상에 태어날 것 의심 없어라.

"그런 까닭에 모든 비구들아, 너희들은 마땅히 방편을 구해, 이 세 가지를 찾아야 한다. 이와 같으니 모든 비구들아, 마땅히 이와 같이 배워야 한다."

그때 모든 비구들은 부처님의 말씀을 듣고 기뻐하며 받들어 행하였다.

『증일아함경』

저자

공산(空山)
E-mail : gongsan54@gmail.com

지식총서 4

속박된 삶을 청산하고 날마다 좋은 인생 살아보자

2020년 8월 20일 초판인쇄
2020년 8월 30일 초판발행

지 은 이   공   산
펴 낸 이   한 신 규
편   집   김 영 이
표지디자인   이 미 옥
펴 낸 곳   글터
주   소   138-210 서울특별시 송파구 동남로11길 19(가락동)
전   화   Tel.070-7613-9110 Fax.02-443-0212
E-mail   geul2013@naver.com
등   록   2013년 4월 12일(제25100-2013-000041호)

ⓒ 공산, 2020
ⓒ 글터, 2020, printed in Korea

ISBN   979-11-88353-22-4 03220   정가 12,000원